KÖHLER

SCHAM

ZU KLAMPEN

Reihe zu Klampen Essay
Herausgegeben von
Anne Hamilton

Andrea Köhler,
geboren 1957 in Bad Pyrmont,
studierte Germanistik und Philosophie in Braunschweig und Freiburg. Seit 1984 ist sie als Journalistin tätig. Von 1991 bis 1994 arbeitete sie als Kulturkorrespondentin in Paris. 1995 trat sie in die Feuilletonredaktion der »Neuen Zürcher Zeitung« ein. Heute lebt sie als Kulturkorrespondentin dieser Zeitung in New York. 2003 erhielt sie den Berliner Preis für Literaturkritik. Zuletzt ist von ihr erschienen: »Lange Weile. Über das Warten« (2007).

ANDREA KÖHLER

Scham

Vom Paradies zum
Dschungelcamp

zu Klampen *Essay*

Inhalt

Maskenbildnerin

> Ich habe den ersten Schritt, der mir am schwersten geworden ist, in das düstre und schmutzige Labyrinth meiner Bekenntnisse getan. Nicht das Geständnis dessen, was verbrecherisch ist, kostet am meisten Überwindung, sondern die offene Einräumung dessen, was lächerlich und beschämend ist.
>
> *Jean-Jacques Rousseau, »Confessions du Promeneur solitaire«*

WENIG prägt sich unauslöschlicher in die Erinnerung ein als Momente der Scham – jene Augenblicke, in denen wir, plötzlich entblößt, am liebsten im Boden versinken würden. Scham kann vernichten; wir wünschen, in diesen Augenblicken, nicht mehr sichtbar zu sein. Obwohl sie scheinbar zuerst auf das Sexuelle zielt, trifft sie uns ganz, Körper und Seele zugleich. Der Alarm der Haut, das Erröten der Wangen – die Scham gibt die heimlichsten Wünsche und Nöte preis. Die Entblößung ist ihre Domäne, der Voyeurismus jenes Bestreben der Lust, das von ihrem Wunsch nach Verborgenheit lebt. Diese paradoxe Tendenz der Scham macht sie zu einer Maskenbildnerin *par excellence*.

Dabei gibt es unendlich viel, dessen man sich – zu Recht oder Unrecht – schämen kann: Von der schiefen Nase bis zur ärmlichen Herkunft, von der

Pein einer nicht erwiderten Zuneigung bis zum Bewusstsein einer groben Verfehlung sind die Scham-Anlässe unerschöpflich. Das Gleiche gilt für den Schmerz der Beschämung, der – von der freundlich bestimmten Zurückweisung bis zur offenen Demütigung – alle Stadien der Qual durchlaufen kann. Beschämung ist ein Moment, der den Beschämten ins Unrecht zu setzen scheint, auch wenn dies zu Unrecht geschieht. Denn Scham macht uns wehrlos, sie entblößt unser verletzliches Selbst.

Das ist unangenehm, das will niemand fühlen. In einer Gesellschaft, in der das selbstbewusste Auftreten einer Person ihr soziales Prestige bestimmt, sorgt die Scham für Störungen im Selbstdarstellungs-Schaulauf. Die Scham gilt als peinlich, Schamlosigkeit als *cool.* Das Schamgefühl existiert im öffentlichen Diskurs nur als Mangel, als etwas, das man bei andern vermisst. Kaum eine Empfindung besitzt eine solche Macht im Alltag, und kaum eine ist tabuisierter als sie.

Nun ist die Klage über den rasanten Anstieg der Schamlosigkeit beileibe nichts Neues; zu allen Zeiten haben die Verfechter von Anstand und Sitte über den Regel-Kodex gewacht. Neu aber ist, dass der Verkehrswert der Scham selber in Frage steht – und mit ihr ein Jahrtausende alter Menschheitskonsens. Denn die Scham gehört zum Menschen wie die Geschlechtlichkeit und das Bewusstsein – davon erzählt schon die Geschichte von Adam und Eva. »Da gingen ihnen die Augen auf und sie sahen, sie waren nackt.« Der Sündenfall bringt den Blick auf das andere in die Welt, die Unterscheidung von Ich und Du, Mann und Frau. Erst der Biss in den Apfel unterschied uns von den anderen Geschöpfen im Paradies, so wie er danach die Triebnatur in den Rang des Tierreichs verwies. Deshalb schämt sich der Mensch dieses Anteils in seiner Natur – oder hat es zumindest einst getan.

Das Bewusstwerden der Geschlechter und das Bewusstsein der Sterblichkeit, das jede Handlung in das Reich der Entscheidung stellt, sind die Quellen der Scham: Schon im zweiten Kapitel der Bibel tötet ein Mensch seinen Bruder. Seither ist die Scham unser standhaftester Begleiter. Alle Zweige des Wissens und der Kultur sind von ihr durchzogen – von der Anthropologie, Philosophie, Religion und Geschichtswissenschaft, Psychologie, Medizin, Politik und Mentalitätsgeschichte bis hin zur Kunst und Literatur. Angesichts der Größe dieses Menschheitsthemas und der gebotenen Kürze eines Essays kann man nur in Demut verfallen – und allenfalls ein paar Aspekte schlaglichtartig erhellen. Ragt die Scham auch in alles, was uns betrifft, so ist sie zugleich doch so persönlich, dass ich an dieser Stelle ein Bekenntnis ablegen muss: Trotz allen Nachdenkens über die Scham bin ich ihrem genuinen Geheimnis nicht nähergekommen. Bis mir aufging, dass es die paradoxe Natur der Scham selber ist, dass sie sich, auch wenn sie sich zeigt, immer entzieht. Man kann sie einkreisen – fassen wird man sie nie.

Intermezzo: Beschämt

SIE hatte so eine Art, zaudernd dazustehen. Eine geduckte Trägheit war um sie herum, ein trüber Hof. Niemand wollte mit ihr das Pausenbrot teilen. Die Beschämung hatte sich in ihren Gesichtszügen breitgemacht als ein Unglück, das sie trotzig in sich verschloss. Doch ihr schnell errötender Teint verriet uns, wie sehr sie für Demütigungen empfänglich war. Wenn sie den Mund aufmachte, dann kamen die Worte nur langsam heraus, mit einer östlichen Färbung, die sie als Flüchtlingskind auswies. Dazu passte die ärmliche Kleidung, die verschlissene Kluft der Nachgeborenen, die stets die abgelegten Sachen der Älteren anziehen müssen – als wäre Armut eine abzutragende Schuld. »Lahme Ente«, sagten wir hinter vorgehaltener Hand. Sie hieß Maria, ging mit mir zur Schule und hat mich gelehrt, wie Gemeinheit sich anfühlt, wenn man sie selber verübt.

Früh lernen wir, dass das Nachsehen hat, wer langsamer ist. Vielleicht ist Schnelligkeit überhaupt die erste Form kindlichen Distinktionsgewinns. Die Schnellen waren beliebt. Sie liefen fixer ins Ziel und profitierten auch sonst von der Autorität der Geschwindigkeit. Kein Bleigewicht lähmte ihnen die Zunge, kein Zögern stellte sich in den Weg. Wer schnell war, war frei von der Hemmung der Angst, der Bremse der Schüchternheit. Er entkam den Sanktionen der Lehrer ebenso wie den kindlichen Ausschlussmanövern, mit denen die Scheuen und Zaudernden gestraft werden. »Lahme Ente«, sagten die andern, wenn man beim Mannschaftssport auf der Bank sitzen blieb.

Auch Maria saß da. Ein kleines Mädchen mit hellbraunem Haar, sehr bleicher Haut und aufgeschlagenen Knien. An ihre Stimme kann ich mich nicht mehr erinnern, nur unscharf an das Gesicht. Doch ist sie dort sitzen geblieben, sitzt heute noch dort, eine Skulptur früher Schuld. Die Erinnerung hat sie mir wieder nahegebracht und mit ihr die Einsicht, wie lange es manchmal braucht, bis man in den Beschämten sich selber wiedererkennt.

Am Nacktbadestrand – der Prozess der Zivilisation

> Wie schwierig ist es, bei Dingen, zu denen niemand die Wahrheit sagt, die Veränderungen zu beschreiben, die vorgegangen sind. Es nützt nichts, von den »Tabus« zu sprechen, die gefallen seien, wenn man nicht sicher sein kann, dass sie je bestanden haben. Das gilt nicht nur für sexuelle Verhaltensweisen. Was wissen wir wirklich von Scham und Ehre, wenn die Wörter nicht mehr gebraucht werden, aber die Phänomene nicht verschwunden sind?
>
> *Hans Blumenberg*

MITTE der neunziger Jahre schickte der französische Soziologe Jean-Claude Kaufmann ein Forscher-Team an Frankreichs Badestrände, um dort halbnackte Frauen und Männer zum Thema »Oben ohne« zu interviewen. Er wollte herausfinden, wie sich das zeitgenössische Schamgefühl beim Anblick entblößter Frauenbrüste manifestiert. Sein Befund: Das Bikini-Oberteil zu entfernen ist auch in der sexualisierten Öffentlichkeit von heute keineswegs eine problemlose Geste, sondern reiht sich ein in ein Set von verinnerlichten Verhaltensweisen, das die Bewegungen und die Blicke einem ausgefeilten Regelkodex unterwirft. Jede Gebärde ist Teil ungeschriebener Etikette, jeder Blick in ein unsichtbares Schamkorsett eingeschnürt. Allzu ausgedehntes Eincremen der entblößten Brust etwa trifft auf schweigenden Unmut der Umgebung, während lange haftende Männerblicke Anlass zu deutlicherem Tadel geben. Ein kurzer männlicher Blickstreifzug über den Busen wird dagegen von Frauen nicht nur gebilligt, sondern goutiert – solange der Blickende sich in der Altersspanne zwischen zwanzig und vierzig Jahren bewegt. Dabei laufen nach Kaufmanns Beobachtungen vor allem bei männlichen Strandbesuchern viele Prozesse nur halbbewusst ab, Tagträumereien, in denen ein heimliches Ich lustvollen Phantasien nachgeht. Da diese verschiedenen Impulse jedoch nicht thematisiert oder ausagiert würden, lasse sich Nacktheit – so sie in einer dafür vorgesehenen Umgebung stattfindet – konfliktfrei realisieren.

Kaufmanns Ergebnisse reihen sich ein in den Befund des Kulturhistorikers Norbert Elias, der in seinem dreibändigen Klassiker »Über den Prozess der Zivilisation« die These vertritt, dass im Laufe der Zeit mit fortschreitender Freizügigkeit das Schamgefühl immer stärker verinnerlicht worden sei. Die Scham gegenüber der eigenen Nacktheit habe sich in Europa erst seit dem Mittelalter langsam herauskristallisiert. Im 14. und 15. Jahrhundert dagegen sei die völlige Unbefangenheit gegenüber dem Körper und seinen Bedürfnissen und Ausscheidungen noch die Regel gewesen. Erst die Disziplinierung des höfischen Lebens habe die Affektkontrolle zunehmend verfeinert und nach innen verlegt; ein Prozess, der sich mit der Entstehung der modernen Gesellschaft auf immer breitere Bevölkerungsschichten übertrug.

Der Ursprung dieser Entwicklung, so Elias, verdanke sich dem Umstand, dass im Laufe des Zivilisationsprozesses die Natur ihre unmittelbare Bedrohung verlor und dadurch in größerem Maße zur Quelle einer durch das Auge vermittelten Lust wurde. Im Zuge dieses Fortschritts »wurden auch die Menschen füreinander zur Quelle einer Augenlust oder umgekehrt zur Quelle einer durch das Auge vermittelten Unlust, zu Erregern von Peinlichkeitsgefühlen verschiedenen Grades«. Die unmittelbare Angst der Menschen voreinander habe abgenommen; an ihre Stelle sei die Angst vor der Blickkontrolle und dem Regelkodex getreten:

»Je mehr die starken Kontraste des individuellen Verhaltens sich abschwächen, je mehr die großen und lauten Ausbrüche von Lust oder Unlust durch Selbstzwänge zurückgehalten, gedämpft und verwandelt werden, um so größer wird die Empfindlichkeit für Schattierungen oder Nuancen des Verhaltens, um so sensibler werden die Menschen für kleinere Gesten und Formen, um so differenzierter erleben die Menschen sich selbst.«

Spannungen, die ehemals unmittelbar im Umgang zwischen Mensch und Mensch ausgetragen wurden, mussten nun als innere Spannung im Umgang des einzelnen mit sich selbst bewältigt werden.

Der Konflikt geht seither mitten durchs Ich. Die Scham wurde zur Zuchtmeisterin der Gefühle.

Was Elias, ausgehend von der frühen Neuzeit in Europa, über den Strukturwandel des Seelenhaushalts anführt, gehört zum unbestrittenen Kanon der Soziologie der Gefühle. Um so heftiger waren die Reaktionen, als der Ethnologe Hans Peter Duerr Ende der achtziger Jahre des vergangenen Jahrhunderts einen insgesamt fünfbändigen Großangriff auf Elias' Theorien startete, in dem er vor allem die These anfocht, dass die Schamschwellen im Prozess der Zivilisation zunehmend gestiegen und die Sphäre der Sexualität mit einem Panzer von Verhaltens- und Empfindungsregeln umgeben worden sei. Mit einer exorbitanten Fülle von Material und dem Widerlegungsfuror des Empirikers tritt Duerr in seinem Werk »Der Mythos vom Zivilisationsprozess« den Beweis an, dass die genitale Scham bei allen Völkern zu allen Zeiten bestanden habe, also nicht historisch gewachsen, sondern eine anthropologische Universalie sei. Man irre, wenn man glaube, dass die Affektkontrolle in der modernen Welt größer sei als in den traditionellen Gesellschaften. Anders als von Elias behauptet, sei es im Laufe der Zeit nämlich nicht etwa zu einer zunehmenden Disziplinierung der Sitten und einem Anstieg der Schamschwellen, sondern im Gegenteil zu einer rapide wachsenden Schamlosigkeit gekommen.

In seiner auf Tausenden von Seiten ausgebreiteten Beweisanordnung, die den allgemeinen Niedergang des Schamgefühls veranschaulichen soll, kommt Duerr auch auf das Phänomen der Nacktbadestrände zu sprechen. Laut Norbert Elias sind diese nur deshalb möglich, weil heutzutage angesichts der Zurschaustellung des nackten Körpers ein hohes Maß an Zurückhaltung als selbstverständlich gelten kann. Denn »nichts wäre den Anwesenden peinlicher als eine spontane männliche Erektion auf der Badewiese«. Dagegen vertritt Hans Peter Duerr die überraschende Auffassung, dass »an den heutigen Nacktbadeständen (...) Erektionen meist als natürliche Reaktionen betrachtet oder einfach ›übersehen‹ (werden), desgleichen sexuelle Betätigungen, wobei allerdings genitaler Koitus und Cunnilingus unter Heterosexuellen sowie Analverkehr unter Homosexuellen selten vorkommt und beide Gruppen im Allgemeinen mit Fellatio und Masturbation vorliebnehmen«.

Man mag sich angesichts dieses Beispiels fragen, wo Hans Peter Duerr in den 1970er Jahren – denn aus dieser Zeit stammt dieses Beispiel – seinen Urlaub verbracht hat. Doch wirft dieses hübsche Zitat ein Schlaglicht auf eine Epoche, die – in Reaktion auf die sprichwörtliche Prüderie der fünfziger Jahre – das systematische Niederreißen der Schamschranken zum doktrinären Prinzip zu machen versuchte, nur um alsbald mit »der sexuellen Befreiung des bürgerlichen Individuums« ähnlich autoritäre Strukturen zu kultivieren wie jene, die zu überwinden sie angetreten war. Die Privatsphäre wurde als »bourgeois« verpönt und das notorische Überschreiten der Schamschwellen zum Normalfall erklärt, wobei die Stifter dieser sexuellen Befreiungstheologie vom nach wie vor patriarchalischen Machtvorteil ordentlich profitierten. Exemplarisch für solch forcierte Enttabuisierung sind die Beispiele sexueller »Freizügigkeit«, sprich Kindesmissbrauch, von denen wir etwa durch die Enthüllungen aus den Instituten der deutschen Reformpädagogik erfahren haben. Dass viele der damaligen Schüler – nicht anders als die Missbrauchsopfer in der katholischen Kirche – jahrzehntelang geschwiegen haben, verrät die anhaltende Macht eines Schamgefühls, das auch die Sexualisierung der Öffentlichkeit nicht aus der Welt schaffen konnte.

So lässt sich sowohl gegen Norbert Elias als auch gegen Hans Peter Duerr einwenden, dass die Schamschwellen nicht periodisch immer höher oder niedriger werden, sondern dass das Schamgefühl sich nur verschiebt. Der nackte Körper ist seiner inflationären Zurschaustellung zum Trotz noch immer mit Scham besetzt, beispielsweise wenn er den Normen des Schönheitsideals nicht entspricht. Auch die Geschichte der Freizügigkeit verläuft eher in Zirkeln, wobei die Paradoxieentfaltung – wie beispielsweise das vor allem in Amerika eklatante Nebeneinander von rabiater Prüderie und sexualisiertem Konsum – eine besondere Variante der Schamökonomie darstellt. Doch der *private user*, der im Schutze der Anonymität im Internet Pornographie konsumiert, ist nicht unbedingt weniger schamhaft als der notorische »Playboy-Leser« der 1960er Jahre, der seine abgefingerten Hefte unterm Nachttisch versteckte. Und wenn – um ein jüngeres Beispiel zu wählen – ein Buch wie Charlotte Roches analpornographisches Ekelmanifest »Feuchtgebiete« zu einem Verkaufsschlager werden konnte, so liegt das weniger an der vermeintlichen Preisgabe aller sexuellen Hemmungen als vielmehr daran, dass Roche mit ihrem lustvoll in Körpersekreten und Ausscheidungen badenden Infantilismus noch immer die letzten wahren Tabus – nämlich die der Körperhygiene – exekutiert.

Die Scham steht an der Schnittstelle zwischen Individuum und Gesellschaft, sie ist die Unterhändlerin zwischen dem Ich und der Norm. Sind ihre Ursachen auch veränderlich wie die Sitten, so ist doch die Empfindung selbst in allen Kulturkreisen weitgehend gleich. Beschämung ist das Gefühl einer spontanen Herabsetzung des Selbstwertgefühls, eine Regung, die sich körperlich manifestiert. Norbert Elias hat das Schamgefühl eine »ständig schwelende soziale Angst« genannt; Sigmund Freud aber definierte »die soziale Angst« als die Furcht, verlassen zu werden. Diese Furcht spielt bei aller Beschämung mit. Wer beschämt wird, fühlt sich ausgestoßen, mutterseelenallein.

Da das Schamgefühl immer zwei Momente betrifft, das Innen und Außen, den Körper und das Bewusstsein, ist es auch jeweils durch beides bestimmt: die Reflexion auf die anderen – die Normen und Konventionen – und die physische Reaktion, die uns auf uns selbst zurückwirft. Scham entsteht, wenn ein Kontrollverlust, sei es der Körperfunktionen, sei es der Umgangsformen, für andere sichtbar wird. Sie kommt ins Spiel, wenn wir uns nicht richtig auszudrücken vermögen, sie tritt auf, wenn wir bei einer unbotmäßigen Handlung ertappt werden. Scham hängt sich an Misserfolge und Körperdefekte, sie lässt uns verstummen, erstarren, uns innerlich winden. Demütigungen durch das Milieu, die Verweigerung sozialer Anerkennung aufgrund einer bestimmten Gruppen- oder Fremdzugehörigkeit, das Gefühl der Minderwertigkeit durch den Mangel an Bildung oder an Geld – all das kann Scham auslösen, ebenso wie eine Zahnspange oder die Dummheit einer verwandten Person. Die Scham nimmt uns gerne in Sippenhaft – Pubertierende schämen sich oft ihrer Eltern, diese sich ihrer »missratenen Brut«. Eine deplazierte Bemerkung mag Auslöser von Beschämung sein, Feigheit oder auch ein stark übertriebenes Lob – und oft genug ist ihr Anlass rein imaginärer Natur. Die Erziehung zu Sauberkeit und zum Ekel hat die Sekrete und die Gerüche des Leibes mit Scham belegt. Doch schämen wir uns ihrer nur vor den anderen. Wir schämen uns nicht vor den

Tieren. Denn die Scham ist eine Manifestation des Bewusstseins, die der animalischen Kreatur in unseren Augen fehlt. Auch das mag ein Grund dafür sein, weshalb wir unsere Haustiere lieben.

Das Schamgefühl ist nicht die älteste aller Empfindungen – davor rangieren Hunger und Angst –, aber die erste, von der wir wissen. Sie ist die früheste Form der Selbstwahrnehmung; sie schafft eine jähe Distanz zwischen Bewusstsein und Leib. Laut dem Sozialphilosophen Max Scheler schämen sich Menschen, weil sie den Zwiespalt zwischen Körper und Geist, die Kluft zwischen ihrem animalisch-triebhaften Erbe und ihrem geistigen Streben schmerzhaft empfinden. Zugleich beglaubigt das Schamgefühl die Unhintergehbarkeit unserer leiblichen Existenz. Dabei ist die Scham etwas, das sich der klaren Definition entzieht. Sie bewirkt eine starke Empfindung, ja sogar Herzklopfen oder Ohnmacht, doch bleibt sie selbst als Quelle des Ausdrucks ungreifbar. Ihre Verlaufsformen reichen von Verlegenheit, Peinlichkeit, Scheu und Schüchternheit, mangelndem Selbstvertrauen bis hin zu jenem grundstürzenden Gesichtsverlust, der in die Tiefen der Existenz ragt. Das Gedemütigtwerden ist die bitterste Form des Schamgefühls, die häufig in Racheimpulse umschlägt. Wie Schamempfindungen ohnehin dazu neigen, sich mit der ganzen Palette alarmbereiter Gefühle ebenso zu verbinden wie mit den unbewussten Wünschen und Aggressionen. So ist die Frage, ob die Scham angeboren oder aber eine dem Menschen im Laufe des Zivilisationsprozesses aufgebürdete und verinnerlichte Verhaltenseinschränkung ist, schon aufgrund dieses Doppelcharakters nicht eindeutig zu beantworten. Sie ist wie Hase und Igel in einer Gestalt: der eine Zickzack schlagend, derweil der andere ruft: »Ick bün allhier!«

Kulturen der Schamlosigkeit

> Je kälter ihr kalkuliert, desto weiter kommt ihr. Schlaget ohne Mitleid zu, und ihr werdet gefürchtet werden. Akzeptieret Männer und Frauen nur so, als ob sie Postpferde wären, die ihr an jeder Station fast verenden lasst, dann werdet ihr an das Ziel eurer Wünsche gelangen ... Aber wenn ihr ein wahres Gefühl habt, dann hütet es wie einen Schatz, lasst nie auch nur den Verdacht davon aufkommen, denn sonst wäret ihr verloren. Ihr wäret nicht mehr die Peiniger, ihr würdet die Opfer werden. Falls ihr jemals lieben solltet, hütet euer Geheimnis wohl.
>
> *Honoré de Balzac, »Le père Goriot«*

SCHAM ist ein so mächtiges und komplexes Gefühl, dass es fast alle Handlungen infiltriert. Besonders das Streben nach Macht, Ehre, Reichtum und Prestige wird oft aus verdrängter Beschämung gespeist. Dass Erfolg wiederum nicht selten aus Schamlosigkeit resultiert, gehört zum Kreislauf der Schamangst, deren Symptom es ist, dass sie sich hinter den Masken vermeintlicher Stärke verbirgt. Wer mächtig, doch nicht souverän ist, kann Schwächen nicht eingestehen. Der Chef, der Fehler mit Arroganz, die Vorgesetzte, die mangelndes Selbstbewusstsein mit institutionalisierter Überlegenheit kompensiert – jeder, der jemals in Hierarchien zu tun hatte, wurde mit diesem Verhaltensreflex schon konfrontiert. Auf den schamentlastenden Mechanismus solch scheinbarer Unanfechtbarkeit ist jedenfalls meistens Verlass. Denn Herablassung, Zynismus und eisernes Auftreten werden zwar nicht unbedingt mit Sympathie, aber doch oft mit einem gewissen Unterwerfungsreflex bedient – die demonstrative Zurschaustellung von Überlegenheit schüchtert ein. Das arrogante Verhalten einer Autoritätsperson appelliert an das sprungbereite Unterlegenheitsgefühl in vielen von uns – ob berechtigt oder nicht, spielt dabei keine Rolle. Die Maske der Überlegenheit provoziert leicht das Gefühl, klein und nichtig zu sein. Das speist die Sogkraft dieses *circulus vitiosus* der Schammaskierung notorisch mit Energie. Entfremdung, sowohl von den anderen als auch von sich selbst, ist das traurige Resultat.

Der schweizerisch-amerikanische Psychoanalytiker und Schamexperte Léon Wurmser beschreibt in seinem Buch »Die Maske der Scham« den fundamentalen Wertemangel, der der Schamlosigkeit zugrunde liegt, ein moralisches und ästhetisches Defizit, das sich sowohl individuell als auch gesellschaftlich ausprägen kann. »Die Kultur der Schamlosigkeit ist eine Kultur der Respektlosigkeit, der Ehrfurchtslosigkeit, des Verwerfens und Entwertens von Idealen«, schreibt er in seinem Standardwerk »Die Masken der Scham«. Die abgewehrten oder eliminierten Werte würden ersetzt durch narzisstische Diktate wie Machtstreben, Ehrgeiz, Opportunismus und Ressentiment. Auch das, was

Aristoteles *banausia* – die Unempfindlichkeit gegenüber ästhetischen Werten – genannt hat, gehört zu dieser emotionalen Verarmung dazu. Der Schamlose ist der Mensch, der das eigene grandiose Ich zum alleinigen Maßstab wählt und durch das Zurschautragen eines kalten Zynismus jedes Schamgefühl durch Verachtung nach außen abwehrt. Er ist in der Festung seiner Selbstbezüglichkeit erstarrt. Im Kern aber ist der »schamlose« Zyniker oft ein gedemütigter und grausam beschämter Mensch, der versucht, einer tiefen Verachtung seiner selbst durch die Herabsetzung seiner Umgebung Herr zu werden.

Die »Kulturen der Schamlosigkeit«, zu denen Wurmser etwa das Zeitalter der Sophisten, das Frankreich Stendhals und Balzacs, die Zeitspanne, die in Dostojewskis »Dämonen« beschrieben wird, oder die zwanziger Jahre des 20. Jahrhunderts zählt, seien von Hohn und beißendem Spott erfüllte Zeiten gewesen. Dabei sei die Schamlosigkeit stets eine Reaktionsbildung: Man schäme sich nicht der Gewalt, des Betrugs und des sexuellen Exhibitionismus, sondern vielmehr der Wärme und Loyalität, der Empathie und des Takts, die statt dessen als Schwäche verachtet werden. Körper und Emotionen würden schamlos zu Markte getragen, Einblicke in intime Details hemmungslos vorgezeigt, doch das, was schmerzlich ist oder Ungenügen verrät, wird sorgsam maskiert. Nach Wurmser ist Schamlosigkeit nicht einfach das Zurückfallen auf ein Stadium vor der Errichtung der Schamschranken. Sie sei vielmehr das Resultat einer komplexen Abwehrschichtung: »Schamlosigkeit in Bezug auf Verrat, sexuelle Provokation und Exhibition, gekoppelt mit einem unverschämten, schamlosen Missbrauch anderer Menschen, (...) erweist sich als eine trotzige Zurschaustellung von ›Macht‹ in verschobener Form.« Diese »Abwehr gegen das Gewissen« – sowie der Ersatz des Gewissens durch narzisstische Diktate wie Macht, Ehrgeiz und Ressentiment – führe zu einer massiven Verarmung der Charakterstruktur. Altmodisch ausgedrückt: Schamlosigkeit ist ein Armutszeugnis der Seele.

Arroganz, Herablassung oder Zynismus aber sind die erstarrten Fratzen einer Selbstüberhebung, die meistens in einer tiefen Unsicherheit begründet ist. Doch was abgewehrt wird, kehrt bekanntlich mit Macht zurück. »Wenn es Scham ist, die durch Schamlosigkeit abgewehrt wird, dann ist es doch wieder Scham, die geisterhaft neu erscheint.« Dem Mangel an Zurückhaltung wohnt der Verlust wirklicher Offenheit inne. In der brutalen Geschmacklosigkeit verbirgt sich häufig die Furcht, spießig zu sein, in der sexuellen Promiskuität die Angst, für verklemmt zu gelten. »Form wird durch Schrillheit ersetzt, Takt durch aufdringliche Prahlerei, Integrität und Kompetenz durch das Angeben mit Titeln und durch Machtausübung. Und dennoch bleibt die Angst vorm Versagen und das ganze Spektrum von Lieblosigkeit und Leere, wo immer man hinschaut.« Man muss sich nicht anstrengen, um in diesen Zeilen auch unser Zeitalter zu erkennen.

Mehr denn je hängt der Schamhaftigkeit, man könnte auch sagen: der Diskretion, etwas Veraltetes an. Das beginnt schon bei der rücksichtslosen Ausbreitung der Privatsphäre in der Öffentlichkeit durch Geräuschentwicklung (oft in Form einer lautstarken Handy-Kommunikation). Schamlosigkeit ist dabei nicht zuletzt auch ein Wahrnehmungsphänomen. Denn die Rücksichtslosigkeit gegenüber den Grenzen oder Interessen anderer wird von den Akteuren kaum mehr als solche empfunden. Dabei ist die Enthemmung oft auch eine gruppenspezifische Reaktion: Horden betrunkener Fußballfans, die nur durch ein Großaufgebot an Polizei halbwegs in Schach gehalten werden, Fernreisende, die in anderen Ländern »die Sau rauslassen«, oder Touristinnen, die auf der Treppe einer südlichen Dorfkirche halb nackt in der Sonne baden – was man gemeinhin den »Zeitgeist« nennt, scheint das unzivilisierte Verhalten nicht nur zu fördern, sondern nachgerade zu fordern.

Die Belästigung der Umgebung mit dem eigenen Musikgeschmack ist dabei nur eine der vielen Zumutungen, die das Eindringen in die Privatsphäre mit dem Aufdrängen fremder Vorlieben gewissermaßen potenziert. Das Zugleich von Exhibitionismus und Autismus, bei dem das Publikum einerseits eingespannt und andererseits einfach ausgeblendet wird, stellt nur eine der vielen unabsehbaren Folgen der technologischen Revolution dar, die inzwischen sämtliche Lebensbereiche ergriffen hat. Sie hat vor allem die Konkurrenz um Aufmerksamkeit verschärft.

Glaubt man dem Philosophen Peter Sloterdijk, dann ist noch in keiner historischen Formation ein so hohes Maß an gier- und neidgesteuerter Konkurrenz da gewesen wie in der entfalteten Gesellschaft des Massenkonsums. Im Laufe der Jahrhunderte sei es zu einer einzigartigen Verschiebung im Moralsystem gekommen, indem die alttestamentlichen Gebote in ihr Gegenteil verkehrt wurden. Wie Sloterdijk in einem Gespräch in der Zeitschrift »Cicero« ausführt, wurde aus dem zehnten Gebot ein Imperativ mit umgekehrten Vorzeichen, der durch die Massenmedien und allem voran die Werbung zum alternativlosen Motto der Gegenwart avanciert ist:

»Das frühe 20. Jahrhundert hat sich vor allem dadurch ausgezeichnet, dass es das 5. Gebot kaltblütig außer Kraft setzte: Du sollst nicht töten. Faschismus und Kommunismus haben gemeinsam, dass sie im Namen einer besseren Zukunft für Rassen- oder Klassenkollektive Großtötungs-Lizenzen in Anspruch nahmen. Die aktuellen Versuche, sich von den Zehn Geboten zu emanzipieren, beziehen sich auf die Eifersuchtsverbote, die in den Zehn Geboten fünf Mal wiederholt werden: Du sollst dich nicht lassen gelüsten nach dem, was dein Nachbar hat, nach seiner Frau, seinem Besitz, seinem Ochsen und Esel und so weiter. Heute heißt die Regel umgekehrt: Du sollst begehren, was andere schon haben, und falls legale Wege nicht zum Ziel führen, dann sollst du stehlen (...). Der amoralische Äther unserer Kultur verlangt die Umkehrung der Diskretions-Gebote. Darum sollst du, wenn möglich, die Ehe brechen, das lockert die Stimmung und stimuliert den Konsum. Seit dem späten 19. Jahrhundert ist die Erotisierung unserer Kultur mit der wirtschaftlichen Liberalisierung verknüpft. Die eine Lizenz zieht die andere nach sich.«

Aus dem biblischen Eifersuchts-Verbot wurde so das zeitgenössische Konkurrenzprinzip, welches die Einflüsterungen des Konsums noch um das Gebot des Prahlens erweitert: Du sollst nicht nur das begehren, was dein Nachbar hat, sondern ihn auch auf alles neidisch machen, was du besitzt und was dich auszeichnet. Diskretion – in der bürgerlichen Gesellschaft eine den Neid in Schach haltende psychohygienische Maßnahme – ist dem Siegeszug des Exhibitionismus gewichen. »Zeig, was du hast, damit andere grün vor Neid werden«, lautet das Motto der Stunde. Diese Haltung hat sich freilich auch in früheren Zeiten schon manifestiert, nicht zuletzt im »Gilded Age«, dem Aufstieg der Wirtschaftsmagnaten, die die *conspicuous consumption* mindestens ebenso schamlos zelebrierten, gar nicht zu reden vom Barock.

Intermezzo: Akrobaten der Schamlosigkeit – der Hochstapler

Wird man die Geschichte des Finanzjongleurs Bernard Madoff dereinst auch nach dem launigen Muster des Hochstapler-Mythos erzählen? »Bernie«, der sein Geschäft in den erlauchten Kreisen der jüdischen Elite New Yorks begann und als der bislang größte Betrüger aller Zeiten in die Geschichte einging, brachte alles mit, was zu diesem Muster gehört: Charme, List, eine ungezügelte kriminelle Energie und die erstaunliche Fähigkeit, den guten Glauben seiner besten Freunde schamlos zu missbrauchen. Doch das Irritierendste an diesem Mann, der das Leben ganzer Familien-Dynastien ruiniert hat, ehrbare Institutionen um ihr gesamtes Vermögen brachte und mehrere Selbstmordopfer auf dem Gewissen hat – darunter seinen eigenen Sohn –, ist das Vertrauen, das er offenbar mühelos generierte. Noch das schelmische Lächeln, mit dem Madoff nach seiner Verhaftung vor seinem Upper-East-Side-Apartment erschien, gibt uns eine Ahnung von der Abgebrühtheit des Mannes, der selbst seine eigene Familie betrog.

Hochstapler, heißt es in Norbert Borrmanns großem »Lexikon des Verbrechens«, seien »vortreffliche Schauspieler mit aus Selbstsuggestion geborener Überzeugungskraft, besten Manieren, gutem wirtschaftlichem Verständnis und meist sehr ansprechender äußerer Erscheinung«. Dieses Ensemble spezifischer Eigenschaften macht den schamlosen Blender seit je zu einem bevorzugten Protagonisten der erzählenden Literatur. In Anthony Trollopes 1875 erschienenem Gesellschaftsroman »The Way We Live Now« verkauft ein windiger Financier Anteile an einer Eisenbahn, die nicht existiert. Er gilt als der Genius der kommerziellen Welt, bis sein Ruin halb London in den Untergang reißt. Ihm voran ging der schwerreiche Mr. Merdle aus Dickens' Roman »Little Dorrit«, ein »Midas ohne Ohren, der alles, was er berührte, in Gold verwandelte«. Merdle reüssierte im Bau- und im Bankgeschäft, saß in der Stadtverwaltung, im Parlament und war Präsident aller möglichen Institutionen – ein Mr. Madoff des 19. Jahrhunderts.

Hochstapler gehören laut Borrmann »zur Elite unter den Betrügern«. Sie begehen nicht gelegentlich einzelne Delikte, der Betrug ist ihr Lebenszweck. Kein Wunder also, dass sich manch ein Schriftsteller auch selbst in der Rolle gefiel. Karl May, der seine Winnetou-Bücher bekanntlich im Gefängnis schrieb, trat als Augenarzt Dr. Heilig auf, als Mitglied der Geheimpolizei und als Neffe eines Plantagenbesitzers aus Martinique. Selbst

Thomas Mann, der die Rolle des gediegenen Großbürgers nachgerade verkörperte, konzipierte die »Bekenntnisse des Hochstaplers Felix Krull« als eine verkappte Autobiographie.

Was uns am Hochstapler so fasziniert, ist freilich nicht allein seine Fähigkeit, andere Menschen zu täuschen, sondern vielmehr die Blauäugigkeit seiner Opfer. Der Hochstapler gibt uns das unheimliche Gefühl, dass wir dümmer sind, als wir ahnen. Sind wir nicht irgendwie alle Schuldner eines gigantischen Ponzi-Schemas? Charles Ponzi, der im Jahre 1903 mit zwei Dollar und fünf Cent in die USA einwanderte und in seinen besten Zeiten täglich eine Million Dollar einnahm, war der erste, der mit dem nach ihm benannten Schneeballsystem operierte. Sein Ruhm als einer der schamlosesten Betrüger des letzten Jahrhunderts ist bis heute noch nicht verblasst. Es ist natürlich kein Zufall, dass Ponzi den amerikanischen Mythos »vom Tellerwäscher zum Millionär« in Reinform verkörpert.

Einer seiner Nachfolger war Bernard Cornfeld. »Bernie«, ein amerikanischer Unternehmer, der in den sechziger Jahren in Deutschland ganze Heerscharen von Anlegern um ihr Vermögen brachte, hat mit Bernie Madoff nicht nur den Vornamen gemein. Der Sohn eines rumänischen Schauspielers und einer russischen Mutter begann seine Karriere im Vergnügungspark Coney Island, wo er in jungen Jahren als »Alters- und Gewichtsschätzer« sein

Verkaufstalent unter Beweis stellte. In den fünfziger Jahren gründete er in Paris eine Fondsgesellschaft, die unter dem Namen »Investors Overseas Services« (IOS) ihre Anlagefonds zunächst per Telefon an deutsche Kleinanleger verkaufte. Bernie besaß eine Villa in Genf und ein Schloss in Burgund, ein Haus in London und eins in Hollywood sowie eine Flotte Privatflugzeuge. 1973 leiteten die Schweizer Behörden ein Verfahren wegen Betrugs gegen ihn ein. Nach elf Monaten Haft kam er gegen Kaution frei, 1979 wurde die Anklage fallengelassen. Er war – wie fast alle Hochstapler – ein Playboy, wie er im Buche steht, und vermochte seinerzeit sogar den deutschen Vizekanzler Erich Mende um den Finger zu wickeln. Sein Unternehmen, das ebenfalls nach dem Schneeballprinzip operierte, brach Anfang der siebziger Jahre zusammen, und Bernie ging als einer der größten Geldvernichter des 20. Jahrhunderts in die Geschichte ein.

In seine Fußstapfen trat der Finanzmakler Robert Vesco, Sohn einer Arbeiterfamilie aus Detroit, der als einer der meistgesuchten Betrüger Amerikas vor noch nicht langer Zeit im Exil in Kuba verstarb. Fast vierzig Jahre ist es her, da kaufte Vesco Bernie Cornfelds 400-Millionen-Dollar-Anlagen für gerade einmal fünf Millionen auf und gerierte sich als der Retter bedrängter Anleger. Das funktionierte, weil auch er ein begnadeter Scharlatan war, bis die amerikanische Börsenaufsicht auf sein Treiben aufmerksam wurde und im Jahr 1972 wegen millionenfachen Betrugs gegen ihn zu ermitteln begann. Da war Vesco freilich längst über alle Berge, genauer: das große Meer, wo er zunächst die halbe Karibik aufkaufte und sich – nachdem er Nixon vergeblich mit einem Koffer voll Geld zu bestechen versucht hatte – schließlich nach Kuba verzog. Fidel Castro empfing ihn mit offenen Armen. Das sollte sich ändern, als Vesco ein neues Unternehmen als Quacksalber aufzog und seinen Gastgebern, darunter Castros Neffen, ein magisches Mittel versprach, das sie von Aids, Krebs und zahllosen anderen Krankheiten dieser Erde erlösen sollte. Vesco landete in Fidels Gefängnissen und starb, wie man erst ein halbes Jahr später herausfand, im November 2007 an Lungenkrebs. Sein Geld war verschwunden.

Hochstapler sind die Akrobaten unter den Schamlosen. Zu ihrer Geschichte gehört, dass ein jeder von ihnen mehr Leute zu ruinieren sucht als sein Vorgänger. Die Dimension des Madoff-Skandals mutet noch immer phantastisch an. Und doch haben uns die letzten Jahre gelehrt, dass die Figur des Hochstaplers unser Finanzsystem repräsentiert wie keine andere – und wir offenbar ohne die Fähigkeit, uns betrügen zu lassen, nicht existieren können. Die Schamlosigkeit des Hochstaplers lebt von der Gutgläubigkeit seiner Opfer. Es könnte gut sein, dass seine Ära mit Bernard Madoff zu Ende gegangen ist. Denn die Schamlosigkeit der Spekulanten heute besteht ja in erster Linie darin, dass sie ihre Hochstapelei nicht mehr als etwas anderes auszugeben versuchen als das, was sie ist: die reine Fiktion.

Schamlosigkeit im öffentlichen Diskurs

Eitelkeit ist das Benehmen von Geschöpfen, die eine gute Meinung über sich zu erwecken suchen, welche sie selbst von sich nicht haben – und also auch nicht »verdienen« – und die doch hinterdrein an diese gute Meinung selber glauben.

Friedrich Nietzsche, »Gut und Böse«

ALS biblisch gesichert gilt, dass die Geschichte des Menschen auf dieser Erde mit der Entdeckung der Scham ihren Anfang nahm. Seitdem ist die Erbsünde in der Welt – und mit ihr der Umstand, dass man sich nicht nur seiner Nacktheit, sondern auch seiner Verfehlungen schämt. Denn Adam und Eva genierten sich nicht allein voreinander, sie schämten sich auch vor Gott. Sie hatten Gottes Gebot missachtet. Das Paradox, dass schuldig nur werden kann, wer wissend handelt (das unterscheidet die Scham von der Schuld), entlässt Eva in der christlichen Tradition freilich nicht aus dem Status der Sünderin; erstmalig zeigt der Mensch mit dem Finger auf einen anderen: »Es war das Weib, das mir zu essen gab.«

Die Furcht vor dem Urteil, wenn schon nicht Gottes, so doch der Mitmenschen, scheint deutlich nachgelassen zu haben. Man nannte das einmal Anstandsgefühl. »Wir definieren Anstand als die Art und Verfassung, in der man sich sehen lassen kann, womit man sich sehen lassen kann, worin man sich nicht zu genieren braucht«, schreibt der Philosoph Hans Blumenberg in seinem Buch »Die Vollzähligkeit der Sterne«. Nimmt man diese Definition ernst, dann ist es in der Welt der größtmöglichen Sichtbarkeit, nämlich der im Scheinwerferlicht agierenden Öffentlichkeit, zu einer Kontinentalplattenverschiebung gekommen. Worte wie Anstand und Ehre sind in der westlichen Kultur zu Anachronismen geworden. Der Autismus der Schamlosigkeit ist die Norm.

Dabei leben wir in Zeiten, in denen der Volkszorn über den Mangel an Integrität in Politik und Wirtschaft permanent hohe Wellen schlägt. Die kriminellen Energien der Wall Street, die Skandale in der Pharma- und Lebensmittelindustrie, Korruption, Betrug und Vetternwirtschaft – Anlässe, nicht nur die Plattform der Medien, sondern auch das Regelwerk der Justiz zu nutzen, gäbe es mehr als genug. Allein, die Dreistigkeit, mit der sich die Verantwortlichen aus der Affäre ziehen – seien es Manager großer Konzerne, die die Verantwortung für ihre Verfehlungen notorisch auf andere abwälzen, seien es Banker, die ruchlos ganze Volkswirtschaften in den Ruin treiben und sich ihre dubiosen Geschäftspraktiken auch noch mit Millionen-Boni vergolden lassen, ganz zu schweigen von all den Sexskandalen, bei denen gestandene Politiker als pubertäre Triebtäter entlarvt werden –, all das lässt zwar den Ruf nach öffentlichen Schameingeständnissen gebetsmühlenhaft erschallen. Doch kaum ein Verantwortungsträger hat in jüngerer Zeit jemals ein Wort des Bedauerns über die Lippen gebracht.

Stühle im Wert von 87000 Dollar, Vorhänge für den Preis von 28000 Dollar, ein 13000-Dollar-Kristall-Lüster, ein *custom coffee table* für 16000 Dollar und eine antike Kommode für 35000 Dollar – das sind nur einige Posten auf der Rechnung einer rund eine Million umfassenden Büro-Renovierung, die die Citi-Group für ihren CEO John Thain ausgab – just nachdem die von der Pleite bedrohte Bank vom Steuerzahler mit 45 Milliarden Dollar rausgepaukt worden war. Verglichen mit dem 50-Millionen-Luxus-Corporate-Jet, den die Firma mit Kissen aus Hermès-Schals und Baccarat-Kristall-Gläsern für den Drink unterwegs ausstattete, um damit für weitere Verhandlungen in Washington einzufliegen, handelte es sich bei Thains Büromöblierung freilich (im Banker-Jargon gesprochen) um *peanuts*. Auch der amerikanische Versicherungsgigant AIG, der mit 552 Milliarden Dollar Steuergeldern gerettet wurde, ließ sich nicht lumpen und lud seine Führungsriege erst einmal zu einem Luxus-Wochenende an der kalifornischen Küste ein, wo die Herrschaften sich bei Thai-Massagen und Champagner-Banketten von den Strapazen des von ihnen mitverursachten Ruins der Firma erholen durften. 440 000 Dollar kostete der Spaß. Drei Tage später hielt die AIG-Führungsriege in Washington schon wieder die Hand auf.

Was man gemeinhin den »Zeitgeist« nennt, ist ohne den Vormarsch des Geldgeistes nicht zu begreifen. Der Kapitalismus in seiner inzwischen weitgehend globalisierten Prägung, der aus dem Fortschritt, aus Expansion, Innovation und Wachstum einen unhintergehbaren Wert gemacht hat, sieht die Vergangenheit nur noch als etwas, das es zu überwinden gilt. Doch wo jeder Erfahrungswert als Orientierungspunkt für begangene Fehler völlig verlorengeht, sind zwangsläufig auch der Schamlosigkeit keine Schranken gesetzt.

Denn das Schamgefühl ist ein schmerzhaftes Korrektiv. Um uns nicht schämen zu müssen, versuchen wir, Fehler nicht zu wiederholen. Doch wenn die Scham abgewehrt und Fehler geleugnet oder schlichtweg vergessen werden, müssen verkehrte Handlungsweisen auch nicht korrigiert werden – ein endloser Kreislauf, wie die Verantwortlichen der Finanzkrise uns hinlänglich klargemacht haben. Und gibt der Erfolg ihnen nicht recht? Derweil ein Großteil der Bevölkerung unter den Folgen des Crashs von 2008 noch immer empfindlich leidet, verdienen die *global player* schon wieder mehr als zuvor. Der Konzern-Chef von Goldman Sachs, Lloyd Blankfein, äußerte gegenüber der Londoner »Times« einen schlagenden Grund für diesen Segen: Die Banken täten »Gottes Werk«.

Die Kunst des nuancierten Bedauerns, sprich: Fehler einzugestehen, ohne die Verantwortung zu übernehmen, ist in Finanzkreisen besonders verbreitet; nicht nur sogenannte Orakel wie der Finanz-Mogul Alan Greenspan haben sich diesbezüglich als erstaunlich einfallsreich erwiesen. Noch verbreiteter freilich ist die Lösung, die Schuld gleich ganz auf andere abzuschieben, eine Praxis, die dahin führte, dass es in der Finanz-Krise am Schluss praktisch ausschließlich Opfer gab. Die Spekulanten waren Opfer von hermetisch konstruierten, undurchschaubaren Hypotheken-Bündelungen, die Banken Opfer der Regulatoren, die, man höre und staune, von den Bankern bezichtigt wurden, sie hätten ihnen nicht genug auf die Finger geschaut, und die Regulatoren wiederum waren Opfer der anscheinend gänzlich ahnungslosen Rating-Agenturen, die den gebündelten Schrott mit »Triple A« versahen. Alles in allem verlief auch diese Krise nach dem bewährten Muster: Wenn alles gutgeht, ist es das Verdienst der Bosse. Wenn nicht, liegt der Fehler im System.

So erhielt der Spitzenmanager des Versicherungsgiganten AIG, Joseph Cassano, dessen undurchschaubare Investitionen zum Beinahe-Kollaps der Firma führten, nach seiner Entlassung weiterhin eine Million Dollar »Beratungsgebühren« – und zwar monatlich. Cassano hatte in den acht Jahren seiner Tätigkeit mehr als 280 Millionen Dollar verdient; als Dank für seine ruinösen Geschäfte gab man ihm dann noch einmal 34 Millionen Dollar Trinkgeld mit auf den Weg. Stan O'Neal, der Vorstandsvorsitzende der Investment-Bank Merrill Lynch (und laut »Time Magazine« einer der 25 Hauptverantwortlichen für die Finanzkrise), bekam insgesamt 175 Millionen Dollar Abfindung für sein Versagen. Und die Banker der Münchner Krisenbank Hypo Real Estate (HRE) sollen nach Informationen des Nachrichtenmagazins »Der Spiegel« für das Jahr 2009 Boni in Höhe von 25 Millionen Euro abkassiert haben – obwohl die Bank in dem Jahr rund 2,2 Milliarden Euro Verlust gemacht hat. Die HRE war nach Staatsgarantien von mehr als 100 Milliarden Euro Steuergeldern vom Bund 2009 verstaatlicht worden. Die Rechtfertigung für solche dem Durchschnittsverstand eher unverständlichen Konsequenzen folgte nicht selten dem Muster der Tautologie: Man brauche diese erfahrenen Führungskräfte, um die Firma, die sie ruiniert haben, vor weiterem Schaden zu bewahren. Schließlich stehe bei der Konkurrenz schon die Türe offen.

Inzwischen hat sich diesseits und jenseits des Atlantik breiter Unmut gesammelt, der unter dem Stichwort »Occupy Wall Street« einen schlagenden Namen gefunden, doch wenig Konsequenzen gezeitigt hat. Denn dem, was man gemeinhin als einen rasanten Anstieg der Schamlosigkeit verbucht, ist mit Empörung allein nicht beizukommen. Das Problem begann mit der Deregulierung des Finanzsystems unter Ronald Reagan. Seinerzeit wurde die Wirtschaftsethik komplett in die sogenannte Selbstregulierung des Marktes ausgelagert. Darüber hinaus hat die technologische Revolution die bislang geltenden Spielregeln weitgehend außer Kraft gesetzt. Der Finanzmarkt ist mittlerweile ein weltumspannendes Netz von Operationen, dessen Verständnis sich nicht nur dem Laien entzieht. Die Finanzströme *floaten* frei im Netzwerk. Sie jagen mit Lichtgeschwindigkeit rund um den Erdball. Das führt offenbar dazu, dass auch die Experten im Finanzwesen die Konsequenzen ihrer Aktionen nicht mehr zu überschauen vermögen – sofern sie es überhaupt wollen.

Im Frühjahr 2012 erregte ein Artikel auf der Meinungs-Seite der »New York Times« großes Aufsehen, in dem ein leitender Manager seine Kündigung bei der Investment-Firma Goldman Sachs mit einem öffentlichen Brandbrief flankierte. In einem flammenden Plädoyer gegen den Niedergang der Sitten im Bankengeschäft schilderte der Banker Greg Smith, wie sich die Firmenmoral bei Goldman Sachs im letzten Jahrzehnt verändert habe. »Teamwork, Integrität, Bescheidenheit und der Dienst am Kunden« seien bei seinem Eintritt noch vitale Werte bei der Großbank gewesen, schreibt Smith. Doch die Investment-Firma habe die Leitidee des Engagements für den Kunden mittlerweile völlig verabschiedet. »Führungsstärke war einmal an Ideen, Vorbildhaftigkeit und Rechtschaffenheit gekoppelt. Heute hingegen reicht es, genug Geld für die Firma zu scheffeln (und nicht gerade ein Mörder zu sein), um in eine Führungsposition zu kommen.«

Inzwischen gelte als erfolgreich, wer seinen Kunden die meisten derjenigen Finanzprodukte andreht, die die Bank selbst lieber nicht in ihren Büchern hätte. Die häufigste Frage, die er von Nachwuchsmitarbeitern vernehme, laute: Wie viel Geld kriegen wir aus den Kunden heraus? Diese würden häufig als »Muppets«, als »Vollidioten«, bezeichnet. »Es fällt nicht schwer, sich die Zukunft dieser Branche auszumalen«, schreibt Smith. »Wer den ganzen Tag nur Gerede über ›Muppets‹ und ›Kohle machen‹ hört, oder davon, ›jemandem die Augäpfel rauszureißen‹, der wird kaum zu einem vorbildlichen Bürger werden.«

Natürlich ist es nicht gerade leicht, ein »vorbildlicher Bürger« in einem Geschäftszweig zu sein, der bürgerliche Tugenden zunehmend unterminiert. Es konnte folglich nicht ausbleiben, dass man Smith »Naivität« vorwarf. Der Rückgang der Firmenloyalität im Bankenwesen ist nämlich auch eine Konsequenz eines beständigen Kommens und Gehens, das die Moral der Unternehmen untergräbt. In einem Essay im »NZZ-Folio« entwirft der amerikanische Soziologe Richard Sennett das trostlose Szenario einer »Firmen-Kultur«, die durch einen permanenten personellen Wechsel gekennzeichnet ist. Fortwährend würden die Abteilungen reorganisiert und die Personalbestände neu konfiguriert:

»Der Aufstieg der Kurzzeitigkeit brachte die Arbeitgeber in den Jahren der Hochkonjunktur vor der Finanzkrise 2008 dazu, den idealen Arbeiter nach dem Vorbild eines *consultant* mit universell einsetzbaren Kompetenzen zu formen, dessen Bindungen an bestimmte Orte immer nur vorübergehend sind. Dieses Beratermodell hat auf der Ebene des Managements zu einer völligen inhaltlichen Entleerung der Arbeit geführt.« Die übergeordneten Kaderpositionen dagegen würden allein aufgrund des akademischen Titels vergeben. Die an der Spitze aber wüssten meist nicht, was tagtäglich im Unternehmen vor sich geht. Auch was das Finanzhandwerk angeht, fehle ihnen das Verständnis der Algorithmen, die zur Generierung von Finanzinstrumenten benutzt werden, was zu einem völligen Vertrauensverlust bei den Untergebenen führe. Die Ignoranz gegenüber der eigenen Inkompetenz – sprich: die Schamlosigkeit – steht dabei oft in einem umgekehrt proportionalen Verhältnis zur Hierarchie.

Nun wäre es müßig, von Vertretern eines Systems Zeichen der Scham zu erwarten, das strukturell auf Schamlosigkeit basiert. Auf dem Gebiet der Geldvermehrung haben die Schamanfälligen nun mal keinen Platz. Was der Philosoph Peter Sloterdijk in seinem Buch »Zorn und Zeit« unsere »entwickelte Gierkultur« nennt, beruht auf der Überzeugung,

»es sei möglich, eine dauerhafte Asymmetrie zwischen Geben und Nehmen aufrechtzuerhalten«. Behalte das Nehmen längerfristig die Oberhand, spräche man gemeinhin von Erfolg. Doch hat die hochgeschraubte Anspruchshaltung längst auch den sogenannten Normalbürger im Griff.

»Das Geheimnis des Lifestyle-Konsumismus verbirgt sich in dem Auftrag, bei seinen Teilnehmern ein neo-aristokratisches Gefühl für die völlige Angemessenheit von Luxus und Verschwendung hervorzurufen«, schreibt Sloterdijk. Die Konsumgesellschaft sei darauf angewiesen, dass ein Großteil der Menschen auf Pump lebt, weil sie davon überzeugt sind, dass ihnen ein Lebensstil zusteht, den sie sich nicht leisten können – eine Überzeugung, die bekanntlich – die amerikanische Immobilienblase lässt grüßen – weidlich genährt und ausgenutzt wird. Wir leben in einer gespenstischen Atmosphäre, in der ständig verrückt machende Doppelbotschaften auf die Menschen einprasseln. Wir sollen zugleich sparen und verschwenden, wir sollen riskieren und solide wirtschaften, wir sollen hoch spekulieren und mit den Füßen auf dem Boden bleiben. Das führe auf Dauer zu einer Desorientierung, die den Unterschied zwischen angemessen und unverdient, richtig und falsch komplett nivelliert.

Was das Verhalten der herausragenden Protagonisten in der entfalteten »Gierkultur« für das gemeine Anstandsempfinden freilich besonders skandalträchtig macht, ist deren Impuls, nicht allein den Schaden der eigenen Skrupellosigkeit auf andere abzuwälzen, sondern die weiterhin in Anspruch genommene »Über-Belohnung« just jenen aus der Tasche zu ziehen, die von der Verantwortungslosigkeit der *global player* den größten Schaden davontragen. Da die Politik dieses Verhalten großzügig unterstützt, ist freilich kaum etwas anderes zu erwarten.

Auch Politiker sind nicht eben dafür bekannt, ihre Verfehlungen an die große Glocke zu hängen, außer sie machen aus ihrem Bekenntnis einen medialen Großauftritt, der alle zu Tränen rührt. Besonders in einer Gesellschaft mit puritanischen Wurzeln wie in Amerika werden solche medienwirksamen Rituale der Reue hingebungsvoll inszeniert. Bill Clinton hat es mit seiner schamroten Zerknirschung in den fröhlich-frivolen Zeiten von Monica Lewinsky vorgemacht, und seither sind in der Sparte der öffentlich eingestandenen Seitensprünge viele Politiker – stets mit der tapfer verbissenen Ehefrau drei Schritte hinter sich – diesem Drehbuch gefolgt. Bei weniger unterhaltsamem Fehlverhalten – ignorierten Terror-Warnungen, schlampigem Katastrophen-Management, vertuschten Medikamenten- und Nahrungsmittel-Skandalen, manipulierten Wirtschaftsdaten, Abzockerei und Veruntreuungen im großen Stil – setzen die Verantwortlichen, wo das Eingeständnis von Versäumnissen sich nicht mehr vermeiden lässt, grundsätzlich verschleiernde Wendungen ein. Die Attentate vom 11. September 2001, vor denen Geheimdienstmitarbeiter mehrfach gewarnt hatten, wurden als »ein Schlag aus heiterem Himmel« bezeichnet, beim Missmanagement von Hurrikan »Katrina«, der Ölpest im Golf von Mexiko oder dem Reaktor-Unfall in Fukushima wurden allenfalls »ein paar Fehler gemacht«. BP-Vorstandschef Tony Hayward nannte die Explosion der Bohrinsel »Deepwater Horizon«, die nicht zuletzt durch Ignoranz und Verschleppung zu der größten Ölkatastrophe in der Geschichte der USA führte, »a natural disaster«.

Dass der Schuldige immer der andere ist, und sei es die Natur, scheint eine anthropologische Konstante zu sein. Doch hat die Immunisierung gegen jede Verantwortlichkeit heute noch einen anderen Grund. Denn je diffiziler und undurchschaubarer die global vernetzten Operationen werden, desto größer wird nicht nur das Risiko, etwas falsch zu machen, sondern auch die Bereitschaft, es einzugehen. Hochkomplexe Systeme werden durch immer kompliziertere Verwaltungsstrukturen und Aufgabenteilungen gesteuert, so dass am Ende niemand mehr den Überblick hat, sprich: Verantwortung übernehmen muss. Das Karussell der Schuldzuweisungen kann beginnen.

Menschen haben die Tendenz, sich an Risiken zu gewöhnen. Es ist wie beim Russischen Roulette. Ob auf dem globalen Finanzmarkt, bei der NASA, der CIA oder im World Wide Web – wenn etwas einmal gutgegangen ist, herrscht die Annahme, es werde auch das zweite Mal schon nicht schiefgehen. Auf diese Weise wird die Definition »akzeptabler Risiken« permanent fahrlässig adjustiert. Mit der Weigerung, in solchen Strukturen individuell Verantwortung zu übernehmen, geht aber auch das Schamgefühl als Regulativ verloren.

Intermezzo: Forum der Scham – das Selbstgespräch

»MANCHMAL bin ich zu mir selber, im stummen Selbstgespräch, rhetorisch«, schreibt Peter Handke in seinen frühen Aufzeichnungen »Das Gewicht der Welt«. Was entweder heißt, dass er auch sich selbst gegenüber den Formulierungsaufwand nicht scheut, oder, im Gegenteil, die Nachgiebigkeit der Floskeln gegen die Not der Gefühle in Stellung bringt. Wer sich selbst, laut oder leise redend, zur Bühne von Verhandlungen macht, ist selten einverstanden mit sich, und meistens ist er durch irgend etwas beschämt. Die Scham ist ein integraler Bestandteil von Handkes sprachlichem Taktgefühl, das stets den Sekundenbruchteil der wahren Empfindung zu überlisten versucht. Seine Bücher tragen die Spuren jener osmotischen Weltwahrnehmung, die auf früher Beschämung und einer dadurch gesteigerten Selbstwahrnehmung beruht. Auch Robert Walser ist so ein Virtuose der Scham, seine Bücher, deren Stil Walter Benjamin so treffend als »Zwitschern« charakterisierte, gleichen einem endlos ausufernden Selbstgespräch. Selbstgespräche, scheint es, neigen immer zu einer Art

Haltlosigkeit. Es sei aber, meint Benjamin, bei Walser eine besondere Form der »Sprachscham«, die die vorsichtige Verwahrlosung zum Stilprinzip adelt, ein Sichgehenlassen, das durch alle Formen von der Grazie bis zur Bitterkeit führt und jede Festlegung unterläuft. Wie der Schüchterne, wenn ihm zu sagen nichts Rechtes einfällt, zuweilen in wirre Reden ausbricht, gebiert die Sprachscham bei Walser einen endlosen Wortschwall, »in dem jeder Satz nur die Aufgabe hat, den vorherigen vergessen zu machen«. Dass dies in einer Formvollendung geschieht, die das Provisorische mit »dem Stempel berechneter Naivität« versieht (wie Walser selbst sagt), ist das Geheimnis seiner Schriften, die den Abgrund der Scham mit »Zwitschern« und Tirilieren zudecken.

Die Sprachscham, die die Worte in den Dienst der Verkleidung nimmt und mit ausufernden Reden das Unsagbare in einen Wortschaum hüllt, ist eine andere Form der Verschwiegenheit, die den Sprechenden schützt. Auch das Selbstgespräch ist eine Ausdrucksform der durch Scham gesteigerten Selbstwahrnehmung; in ihm fallen innere und äußere Instanzen in eins. Rede und Widerrede, Vortrag und Einspruch können hier ungestört aufs Tapet kommen. Und ist es nicht oft genug etwas Peinliches, ein Versagen, mit dem wir im Selbstgespräch rechten? Der nachgetragene Sieg, die Wiedergutmachung ist deshalb der Klassiker unter den Selbstgesprächen: Das, was uns nicht einfiel im richtigen Augenblick, dem anderen mit rhetorischer Verve im Geist hinterher zu schleudern, ist schließlich die einfachste – und oft einzige – Form der Revanche. In diesen Fällen neigt das Selbstgespräch dazu, laut zu werden. Wie übrigens auch die Selbstbeschimpfung, die ebenfalls aus Beschämung entsteht, eine Neigung zur Lautstärke hat. Wer gegen sich selbst aufgebracht ist, spricht manches aus, was für fremde Ohren durchaus nicht geeignet ist. Nur der Schamhafte sagt sich im Selbstgespräch Dinge, die er eigentlich lieber nicht von sich wissen möchte.

Schuld wiegt, Scham brennt

> Scham bezeichnet im Menschen die innere Grenze der Sünde; wo er vor sich selbst errötet, beginnt sein besseres Selbst.
>
> *Friedrich Hebbel*

EIN Autor, der die verschämtesten Helden der deutschen Nachkriegsliteratur hervorgebracht hat, ist der 1952 geborene Schriftsteller Hans-Ulrich Treichel. Treichels Protagonisten sind Vertreter jener Generation, die – wie es in seiner Frankfurter Poetik-Vorlesung heißt – eine »gegenstandslose Scham zu empfinden lernte«. Wenn von Scham die Rede ist in der deutschen Nachkriegsliteratur, dann ist Schuld der Eltern nicht weit. »Allerdings wussten die Eltern, wofür sie sich schuldig fühlten und schämten«, heißt es in dieser Vorlesung. »Ich wusste es nicht. Ich spürte ebenfalls Schuld und Scham, doch waren diese Empfindungen objektlos. Was ich spürte, waren Schuld und Scham als solche.«

Die emotionale Mitgift aus den versiegelten Truhen des Schweigens, die Schuld und Scham oft nicht recht zu trennen weiß, hat sich bis heute noch nicht verflüchtigt. Das hat die Ende der neunziger Jahre monatelang in den Feuilletons tobende sogenannte Walser-Bubis-Debatte noch einmal deutlich gemacht. Der Schriftsteller Martin Walser, als junger Soldat im Zweiten Weltkrieg selbst ein Angehöriger der noch unmittelbar betroffenen Generation, hatte in seiner Friedenspreisrede die »Dauerrepräsentation unserer Schande« beklagt und die allgegenwärtige Erinnerung an Auschwitz als eine »Drohroutine« und »Moralkeule« klassifiziert, die bei ihm nur noch »Wegschauen« provoziere; er war daraufhin vom damaligen Vorsitzenden des Zentralrats der deutschen Juden, Ignatz Bubis, der »geistigen Brandstiftung« bezichtigt worden. Der sogleich eskalierende Streit, in dem Walser sein individuelles Gewissen gegen die »Routine des Beschuldigens« in Stellung brachte, traf offenbar einen Nerv, der, wie die Fülle von Wortmeldungen wichtiger Repräsentanten der Republik ebenso wie die Lawine von zustimmenden Briefen, die Walser erhielt, hinlänglich klarmachten, nach wie vor blank liegt.

Abgesehen davon, dass die Frage nach einem angemessenen Umgang mit der deutschen Schuld wohl immer wieder neu beantwortet werden muss, zeigt dieses Beispiel doch, wie schwierig es offenbar selbst in so fundamentalen Fragen der politischen Erinnerungskultur zu sein scheint, Schuld und Scham sauber zu unterscheiden. Schon der kollektive Abwehrmechanismus, den Alexander und Margarete Mitscherlich als die nachkriegsdeutsche »Unfähigkeit zu trauern« diagnostizierten, dürfte sich unter anderem aus einer schwer definierbaren Mischung von tiefem Schuldbewusstsein und dem beschämenden Gefühl der narzisstischen Niederlage der Deutschen gespeist haben, eine Mischung, die auch die Walser-Bubis-Debatte noch untergründig durchzog.

Was die deutsche Schuld zunächst vor allem zu einem Schamproblem machte, ist der Umstand, dass die Verbrechen der Nationalsozialisten so monströs waren, dass es für sie keine angemessene Sühne geben konnte. Wo aber nicht verziehen werden kann, verwandelt sich die objektive Schuld in ein subjektives Schamgefühl, das als individueller Makel nicht aus der Welt zu schaffen ist. Aus dieser Quelle speist sich die große Zustimmung, die Walser erhielt. Zudem lässt Schuld sich nicht in kollektiven Gesten ritualisieren; man kann sie nur individuell sühnen. Wohl aber gibt es symbolische Gesten der Scham. Deshalb ist Willy Brandts Kniefall im vormaligen jüdischen Ghetto von Warschau sofort um die Welt gegangen. Dass Brandt mit dieser Demutsgeste der deutschen Nation ein Stück Achtung zurückerobern konnte, gehört zum paradoxen Charakter der Scham. Scham eingestehen zu können, ist ein Zeichen von Souveränität.

In ihrem im Jahr 1946 erschienenen Werk »Chrysantheme und Schwert. Formen der japanischen Kultur« unterscheidet die amerikanische Kulturwissenschaftlerin Ruth Benedict die westlichen »Schuldkulturen« von den außengeleiteten asiatischen »Schamkulturen«. Danach sind die asiatischen Gesellschaften vor allem durch die Angst vor Gesichtsverlust und gesellschaftlicher Ächtung geprägt, während die westlichen mit ihrer protestantischen Gewissenskultur die sanktionierenden Instanzen verinnerlicht hätten. In der Schamkultur gelte die öffentliche Wertschätzung als höchstes Kriterium, in der Schuldkultur dagegen das individuelle Gewissen und die Sühnung der Schuld. Doch mögen solche Unterscheidungen auch im Prinzip nicht falsch sein – in New York beispielsweise machte vor einiger Zeit eine Maßnahme chinesischer Ladenbesitzer von sich reden, die Fotografien von Ladendieben in ihr Schaufenster hängen –, so sind sie doch allzu schematisch: Auch asiatische Kulturen haben Werte und Normen verinnerlicht; auch westliche Kulturen nutzen die Zurschaustellung zur Beschämung. Der sogenannte *Perp Walk*, bei dem Verdächtige der Öffentlichkeit in Handschellen vorgeführt werden, um ihren Stolz zu brechen, ist eine Erfindung des amerikanischen Rechtssystems. Es mag darum effizienter sein, die Differenz zwischen Scham und Schuld auf der psychologischen Ebene festzumachen.

Scham und Schuld sind eng miteinander verschwistert und gehen meist Hand in Hand. Doch gibt es ein paar gravierende Unterschiede – auch wenn sie im Erleben nicht immer leicht auseinanderzuhalten sind. Schuld entsteht in der Übertretung von Verboten, Scham im Verfehlen verinnerlichter Ideale. Denn Schuld bedeutet immer

Verantwortlichkeit; schämen aber können sich auch die Opfer. So betrifft das Schuldgefühl zumeist eine bestimmte Tat, das Schamgefühl jedoch die ganze Person. Für die Scham charakteristisch ist das Empfinden einer grundlegenden Selbstentwertung, das Gefühl, klein, nichtig, schmutzig oder verächtlich zu sein. Schuld dagegen ist das Wissen, durch eigenes Handeln eine Norm verletzt, ein Verbot übertreten zu haben.

Das Gefühl für die Angemessenheit einer Handlung oder Situation speist sich aus Scham-Ressourcen, die Beurteilung einer Handlung dagegen aus den Erwägungen des Gewissens. Scham tritt meistens unwillkürlich auf, Schuld dagegen kommt oft nur langsam zu Bewusstsein. Das Schamgefühl aber spiegelt die Schuld im Auge der anderen. Denn ich erröte gemeinhin nicht vor mir selbst, sondern vor jenen, die mich ertappt haben. Und nicht der Verstoß selber treibt uns die Schamröte ins Gesicht, sondern das Bewusstsein, dass andere von ihm wissen. Das Schuldgefühl dagegen bedarf nicht unbedingt Dritter, um uns unser Vergehen vor Augen zu halten.

Das Schamgefühl entbehrt auch der Eindeutigkeit des rationalen Urteilsvermögens, das mit der Empfindung von Schuld paktiert. Schuld ist somit der Rechtsprechung zugänglich, doch niemand kann uns zur Scham verurteilen. Darum ist die Aufforderung »Schäm dich« stets ein verfehlter Appell, der höchstens bei kleinen Kindern verfängt –

zumindest wurden wir früher mit diesem Verweis in die Ecke gestellt. Geschämt hat man sich dann freilich meistens mehr für das Ausgestelltsein als für die Missetat selber.

Ob ich mich eines Vergehens schäme, liegt also nicht an den Erwartungen anderer. Gleichwohl stellt sich das Schamgefühl unabhängig von meinem Willen und zudem auch bei völlig nichtigen Anlässen ein. Schuld dagegen hat stets ein spezifisches Gewicht, das man in den meisten Fällen auch wieder loswerden kann – sei es durch Strafe und Sühne, sei es durch Reue und Verzeihen. So motiviert Schuld zum Geständnis, Scham dagegen zwingt zum Verhüllen. Ich kann mich entschuldigen, nicht aber entschämen, ich kann eine Strafe absitzen, für Scham jedoch gibt es kein entlastendes Äquivalent. Nur ein anderer kann uns von ihr erlösen – durch Zuneigung, Humor oder das Eingeständnis der eigenen Schamanfälligkeit.

Und doch bleibt eine Schnittmenge, die sich nicht mehr sorglich auseinanderdividieren lässt. Denn zuletzt setzt alle Moral auch auf Beschämung, sprich: die Einsicht nicht nur in die Verletzbarkeit anderer, sondern auch unserer selbst. Insofern ist das Schamgefühl die Grundlage jener ethischen Haltung, die in der Volksmund-Variante von Kants Kategorischem Imperativ ihren Ausdruck fand: »Was du nicht willst, das man dir tu, das füg auch keinem andern zu.«

Intermezzo: Vorm Spiegel

Der Spiegel ist der bevorzugte Ort für die Zwiesprache mit sich selbst. Doch wer alles schaut mit in den Spiegel hinein, wer alles schaut heraus? All die Blicke und Stimmen, die unsere Wahrnehmung modelliert haben, formen an unserem Spiegelbild mit. Nebst dem Wohlwollen oder der Missgunst, die den Blick in den Spiegel begleiten, ist es der unstillbare Wunsch, sich einmal mit den Augen eines anderen sehen zu können, der uns vor den Spiegel treibt. So wie mein eigenes Gesicht für mich, aller Spiegel zum Trotz, zuletzt immer ein blinder Fleck bleiben wird, entzieht sich auch die Scham meiner Verfügbarkeit. Dabei ist das Gesicht das Forum des Schamgefühls, das Erröten, das Niederschlagen der Augen sein unmissverständlicher Ausdruck. Deshalb ist der Wunsch, sich von außen sehen zu können, stets auch gepaart mit dem Gegenteil: endlich einmal befreit zu sein von all den fremden Stimmen und Blicken, die unser Selbstbild behelligen und kommandieren – der Wunsch nach der Freiheit von Scham.

Augenlust und Ideal

Damals hatte er so getan, als ob er in einem Comic lesen würde, während der Klassenkamerad das Mädchen küsste. In Wahrheit hatte Albert aber mit dem Bleistift ein Loch durch den Comic gebohrt und alles beobachtet: das Reiben der Körper aneinander, die Hand des Jungen, die plötzlich in dem Höschen des Mädchens verschwand, das zögernde, unentschlossene Zurückzucken des Mädchens, das Albert besonders aufregend fand, und dieser kurze Augenblick, als das Mädchen ihre Zunge in das Ohr des Jungen gesteckt hatte und dabei zu Albert herübersah, genau auf seinen Comic, genau auf das Loch in seinem Comic und schließlich durch das Loch hindurch mitten in seine geweitete Pupille hinein.

Hans-Ulrich Treichel, »Der irdische Amor«

DER Mensch ist das Wesen, das gesehen wird. Schon der biblische Mythos, der den allsehenden Gott einführt, pocht auf die Folgen der Sichtbarkeit. Das erste, was Adam und Eva taten, war die Bedeckung ihres Geschlechts – eine Geste, welche die große Kulturgeschichte des Verhüllens und Entblößens in Gang gebracht hat. Seither ist auch die voyeuristische Lust in der Welt. Noch die frommen Mariendarstellungen mit den milchweißen Brüsten in rotem und blauem Samt leben von der heimlichen Frivolität, die das Erotische schamvoll im Kleid der Mütterlichkeit präsentiert. Und die keuschen Schamgesten des Verbergens weisen – wie etwa Botticellis »Venus pudica« – mit der Hand vor Brust und Geschlecht dem voyeuristischen Blick nicht selten die Richtung.

Was geschieht, wenn dieser Blick erwidert wird, erklärt der Kunstkritiker Hans Joachim Müller in der Besprechung einer Pariser Édouard-Manet-Retrospektive im Frühjahr 2011 anhand der bis auf ein Halsband und neckische Pantöffelchen splitternackten »Olympia«. Das Bild der koketten Pariser Kurtisane, das bei seiner ersten Ausstellung im Salon des Refusés im Jahr 1863 zu demonstrationsähnlichen Menschenansammlungen geführt hatte, löste selbst bei Manets Anhängern einen Sturm der Entrüstung aus. Zeitgenössischen Berichten zufolge muss die bürgerliche Empörung mit Spazierstöcken und Schirmen auf die selbstbewusst posierende Olympia losgegangen sein. Zuletzt sei sie in Deckenhöhe aufgehängt worden, um ihren nackten Leib vor den Besuchern zu schützen.

Um Wut und Wallung recht zu verstehen, schreibt Müller, helfe der Blick auf ein anderes berühmtes Nacktbild aus dem gleichen Jahr, Alexandre Cabanels »Geburt der Venus«.

»Die Menschwerdung der mythischen Dame – geburtsnackt, ausgewachsen und mit körperlangem Haupthaar – gehörte zu den großen Sensationen des Salons. Wie sie daliegt, die Beine geschlossen, mit dem rechten Arm nicht ganz die Augen bedeckend, aber doch nach Art der uralten Schamgebärde, erfüllt sie alle Erwartungen an züchtige Eleganz. So vom Kopf bis zur Fußspitze ins Körperklischee gehüllt, darf Nacktheit sein. Der Venus-Körper ist dem Blickgenuss ausgeliefert, er wehrt sich nicht, er hält nur still. Und das Publikum muss, wenn man den zeitgenössischen Berichten Glauben schenkt, von seinem unverbrüchlichen Recht auf Blickgenuss ausgiebig Gebrauch gemacht haben.«

Nun wehrt sich auch Manets »Olympia« nicht gegen das Angeschautwerden. Aber sie hält nicht so still dabei wie Cabanels Venus:

»Sie blickt ihrem blickgenusssüchtigen Publikum geradewegs in die Augen, schaut ihm zu bei der Ausübung seiner von ihr gesteuerten Blickgenusssucht. Das ist unverschämt. Schamlos. Mag sein, dass der Salonbesucher die ›Olympia‹ sogleich als Edel-Prostituierte identifiziert hat und deshalb so erbost war, weil er sich durch diesen Blick als ertappter Freier vorkommen musste. Das zumindest wird als Deutung immer wieder vorgeschlagen. Doch auch ohne anrüchige Profession bleibt diese souveräne, blickbegabte ›Olympia‹ eine Zumutung. Wenn Nacktheit die Scham ablegt, dann tut sie dem Hinsehen etwas an, dann macht sie das Hinsehen schwer erträglich.«

Das hat sich inzwischen gründlich geändert. Die heutige Schamlosigkeit tut nicht nur der bürgerlichen Empörung, sie tut auch der uralten Liaison von Erotik und Scham etwas an. Ihren Anfang nahm diese Entwicklung mit der neuzeitlichen Anatomie, die die Freiheit von Scham im Medium der Medizin zu legitimieren begann. Später hat der invasive Blick auf den nackten Körper auch in der Kunst Einzug gehalten, wobei die Grenze zwischen ästhetischer und pornographischer Darstellung stets ein Zankapfel zwischen Zensoren, Künstlern und Publikum war. Doch erst im 20. Jahrhundert wurden – wie beispielsweise bei Picasso, Egon Schiele oder Balthus und später dann unter anderen Vorzeichen bei Georgia O'Keeffe, Judy Chicago und Cindy Sherman – die Genitalien selbst in den Mittelpunkt der Bildachse gerückt. Am Ende dieses langen Prozesses der Enttabuisierung nackter Körperlichkeit aber steht der Fetischcharakter der Bilderwelt des Konsums.

Die Werbung hat uns die Kleider inzwischen fast völlig vom Leibe gerissen, kein Stückchen Haut, das nicht als Plakatfläche taugte. Und doch bleibt die Nacktheit noch immer ein Einfallstor für das Schamgefühl. Denn wenn die Inflationierung des Sexuellen auch jede Anstößigkeit weitgehend neutralisiert, so steht das Schamgefühl doch mehr denn je vor Schönheitsidealen stramm. Wer sich heute seiner Nacktheit schämt, folgt nicht mehr dem Zwang, dem einst schon die Entblößung des weiblichen Fußes als unstatthaft galt, er fürchtet vielmehr das Urteil, den Model-Normen nicht zu genügen. Dort setzt die Nackt-Werbung ein, die als Belohnung für die Investition in das jeweils angepriesene Produkt einen narzisstischen Mehrwert verspricht: Mit dem Parfüm XY habe ich Teil an der Aura der Körper-Schönen. Früher musste der Körper Arbeit verrichten. Heute ist er selber Gegenstand größter Anstrengungen.

»Gerade in der modernen Gesellschaft, die den Körper als die letzte Sinnprovinz der eigenen Existenz zelebriert, kommt ihm die symbolische Bedeutung zu, gleichsam das entscheidende Repräsentativorgan der Person zu sein. Gesund oder krank, schön oder hässlich, gepflegt oder verkommen, schlank oder dick auszusehen, wird der Person als sichtbarer Ausdruck innerer Wesensmerkmale angerechnet, als Verdienst oder Makel des eigenen Seins«, schreibt Sighard Neckel in seinem Aufsatz »Soziologie der Scham«. Denn am Körper tritt die beschämende Wirkung von vermeintlichen Mängeln und Fehlern auch deshalb so stark hervor, weil der Leib jenen Anteil der Person repräsentiert, der mit ihrer Natur am engsten verbunden ist. »Abwertung wird hier gleichsam organisch mit dem Individuum verbunden, das daher fundamental und im Ganzen betrachtet als wertlos erscheint.«

Die Werbung weiß aus der Schamanfälligkeit des Durchschnittsmenschen jedenfalls einfallsreich Kapital zu schlagen. Denn kaum etwas lässt sich besser verkaufen als ein Wundermittel zur Behebung eines Defekts. Seien es Kosmetikprodukte zur Beseitigung störender Unregelmäßigkeiten, seien es Statussymbole zur Wertsteigerung der Person – Profitmaximierung lebt von der Scham. Markennamen sind Rangabzeichen, deren tyrannische Macht nicht nur Eltern von Teenagern allzu geläufig ist. Die Label-Ornamentik, das Täschchen von Prada, das neueste iPad oder der Porsche, kurz: die Signale von Modebewusstsein, Coolness oder Potenz sind allemal darauf abgestimmt, die Käufer in einem besseren Licht darzustellen – und somit nicht nur geeignet, von eigenen Defekten abzulenken, sondern auch dazu, die anderen zu beschämen. Dergleichen ist inzwischen so sehr in Fleisch und Blut übergegangen, dass wir die Scham, die dieses Verhalten steuert, kaum mehr bemerken.

Die ästhetische Selbstoptimierung, die alle Spuren des Alterns tilgt, und besonders bei Frauen in immer jüngerem Alter beginnt, folgt einem Schönheits-Diktat, das sich – in Eliminierung aller Spuren von Sterblichkeit – ans Untote schmiegt. Dabei hat die Konditionierung zur »Weiblichkeit«, die vor allem über das Äußere läuft, einen höchst paradoxen Preis. Was angestrebt wird, nämlich die Perfektion nach Maßgabe artifizieller Attraktivitätsvorstellungen, gipfelt nicht selten in deren Gegenteil. Denn die Crux eines von Scham gesteuerten Ideals besteht darin, dass es nicht nur von Moden, Altern und Tod bedroht, sondern vor allem durch das Gefühl des eigenen Ungenügens genährt wird – und das ist unersättlich. Der an einer Überdosis von Medikamenten gestorbene Popstar Michael Jackson hat uns die entstellte Visage eines solchen Schönheitswahns vorgeführt. Es half nichts, dass Jackson sich das Gesicht zur weißen Maske machen ließ: Jeder sah, dass sich in diesem »Optimierungsprogramm« die Scham über seine schwarze Identität verbarg. »Big Nose« soll sein Vater ihn genannt haben.

So musste die Nase immer kleiner, die Haut noch weißer und das Haar immer glatter werden, bis Jacksons komplett verbastelte Physiognomie der Epoche des Immer-mehr den Spiegel und die Grenzen der Machbarkeit vorhielt. Michael Jackson tat seinem Körper Furchtbares an, um sich die Schimäre der geschlechts- und rassenlosen Kunst-Ikone ins Fleisch schneiden zu lassen. Doch es gibt keine Schönheit ohne individuelle Merkmale, keine Anmut ohne den Mangel. Perfektion ist steril oder monströs. Und dennoch ist unser ganzes Streben auf Vervollkommnung eingestellt. Die Scham liefert den Antrieb für dieses Streben. Und ist zugleich der stete Beweis, dass Vollkommenheit auf Erden für uns nicht zu haben ist.

Through the Looking Glass – Reality-Shows

Ist der Ruf erst ruiniert,
lebt sich's gänzlich ungeniert.
Wilhelm Busch

EINER der einflussreichsten Männer der Welt, reich, gebildet, mit Aspiration auf das französische Präsidentenamt, wird im Mai 2011 der versuchten Vergewaltigung eines schwarzen Zimmermädchens beschuldigt. Der 62-jährige Politiker und Vorsitzende des Internationalen Währungsfonds, Dominique Strauss-Kahn, soll in der Suite eines New Yorker Luxushotels mitten am Tag eine zufällig hereinspazierende Hotelangestellte zum Oralsex gezwungen haben – ein Vorwurf, von dem er später entlastet wurde, weil sich das Zimmermädchen als unglaubwürdig erwies. Von allen Ungereimtheiten dieses Falls einmal abgesehen – der hochangesehene Politiker hatte nicht zum erstenmal keinerlei Hemmungen, sein unkontrolliertes Triebgebaren dem Risiko eines Skandals auszusetzen.

Zur gleichen Zeit, als der Fall Strauss-Kahn die Öffentlichkeit in einer Weise in Aufruhr versetzte, wie vor ihm allenfalls die Affäre Bill Clintons mit einer Praktikantin im Weißen Haus, verkündete der kalifornische Gouverneur Arnold Schwarzenegger, er habe kurz vor Amtsantritt mit einer Hausangestellten ein Kind gezeugt und diese Tatsache seiner Frau über zwölf Jahre verschwiegen; die Mutter des derweil 13-jährigen unehelichen Sohnes lebte, samt Kind, die ganze Zeit im selben Haushalt wie Schwarzeneggers Familie. Während man sich noch wundern durfte, wie ein Mann seinen Nächsten mit einer solchen Lüge jahrelang ins Gesicht sehen kann – »Du schämst dich nicht, mich anzusehen?« fragt Philoktet den Neoptolemos in einem Drama von Sophokles, als er merkt, dass er schändlich betrogen wurde –, verklagte man den ehemaligen demokratischen Präsidentschaftskandidaten John Edwards, Wahlkampfspenden veruntreut zu haben, um seine Geliebte und ihr gemeinsames uneheliches Kind zu verbergen. Edwards, der die Affäre mit seiner Mitarbeiterin jahrelang abgestritten und seine schwer krebskranke, inzwischen verstorbene Ehefrau zu Image-Zwecken schamlos in seine Kampagne eingebaut hatte, behauptete vor Gericht, er habe die Gelder nur deshalb veruntreut, um seine todkranke Frau zu schützen. Mochte diese Spitzfindigkeit auch juristisch bedeutsam sein – sie verriet einen solchen Mangel an Ehrgefühl, dass man sich – um einmal dieses unschöne Modewort zu benutzen – nur fürchterlich »fremdschämen« konnte.

Bloße drei Tage später kam Anthony Weiner, der demokratische Abgeordnete aus New York, in die Schlagzeilen. Weiner hatte auf Twitter ein Bild seines halb erigierten Penis in grauem Feinripp gepostet – in der irrigen Annahme, sein bestes Stück sei nur für die junge Frau einsehbar, der er dieses Detail online zukommen lassen wollte. Es geschah, was in solchen Fällen geschehen muss: Ein Blogger stürzte sich auf das Bild, und die Aufnahme verbreitete sich in Windeseile. Weiteres anzügliches Bildmaterial tauchte auf, und Weiner ließ eiligst verlauten, konservative Gegner hätten sein Twitter-Konto geknackt. Drei Tage später dann gestand er schluchzend vor den versammelten Kameras, er habe sich über die letzten drei Jahre gegenüber mindestens sechs jungen Anhängerinnen in dieser pikanten Form online in Stellung gebracht; darunter auch Minderjährige. Der demokratische Hoffnungsträger und aussichtsreiche Aspirant auf das New Yorker Bürgermeisteramt, dessen inzwischen geschiedene Frau, eine enge Mitarbeiterin Hillary Clintons, das erste Kind erwartete, gab seinem Scham-Eingeständnis eine höchst verräterische Form: »I don't know what I was thinking«, erklärte er der erstaunten Öffentlichkeit. Der Satz darf wohl als Mantra der sexuellen Enthemmung im Medienzeitalter gelten.

Nun sind sexuelle Übergriffe, Ehebruch oder viriler Exhibitionismus wahrlich nichts neues. Männer in Machtpositionen hegen seit je überdurchschnittlich oft das Gefühl, unangreifbar zu sein – und die Verhältnisse geben dieser Annahme meistens recht. Doch in einer Medienlandschaft, die von der Skandalisierung privater Verfehlungen lebt, wird das Verhältnis von Schamanlässen und Camouflage,

Geständniszwang und Überführungsgestus gänzlich neu aufgemischt. Es konnte nicht ausbleiben, dass die alte Trias von Macht, Geld und Sex im Internet Enthemmungen eines neuen Typus gebar. Zugleich wohnen wir derzeit einer Entwicklung bei, die aus der genuinen Angst vor Blamage den nicht immer bewussten Drang, sich selbst bloßzustellen, gebar. Wo jeder öffentlich sein kann, steigt die Konkurrenz um das kostbarste Gut: Aufmerksamkeit. Überbietung heißt das Gebot der Stunde.

War einst die Parade der eigenen Vorzüge die gebräuchlichste Art der Selbstdarstellung, so scheint heute die freiwillige Erniedrigung zu einer beliebten Form der Selbstvermarktung avanciert zu sein. Dabei sieht es so aus, als teste man die Grenzen der öffentlichen Entblößung vor allem deshalb verzweifelt aus, weil sich sonst niemand für die eigene Person interessiert. Freilich ist es auch bei der offensiven Zurschaustellung von Intimitäten häufig die Scham, die sich das Internet zur Plattform wählt, um preiszugeben, was von Angesicht zu Angesicht nicht verhandelbar wäre. Der Doppelcharakter der Scham, das Entblößen im Verhüllen, wird im Internet womöglich am effizientesten instrumentalisiert: Ohne den Schutz der Online-Distanz, die den Körper und damit die affektive Grundlage der Scham neutralisiert, wären viele Indiskretionen wohl gar nicht mitteilbar.

Paare zum Beispiel, die ihre Ehekrise mit allen unappetitlichen Einzelheiten im Netz ausbreiten, haben nicht allein einen größeren Zeugenkreis, sondern auch den Vorteil, dass diese Zeugenschaft ohne spürbare Betretenheit in Anspruch genommen werden kann – als pur voyeuristischer Akt, der dem Publikum zudem noch ein gewisses Überlegenheitsgefühl zu gewähren vermag. Dabei hat der Impuls, das schale Liebesleben oder den ständigen Krach einer – mehr oder weniger – imaginären Öffentlichkeit detailfreudig auf die Nase zu binden, einen kurzfristig befriedigenden und scheinbar therapeutischen Neben-Aspekt: Der Partner kann die Anschuldigungen nur im Nachhinein parieren.

Früher fand diese Form der Zerfleischung meist unter fortgeschrittenem Alkoholeinfluss im Freundeskreis statt – das Paradestück für den voyeuristischen Mehrwert solcher Zweikämpfe ist Edward Albees Drama »Wer hat Angst vor Virginia Woolf?«. Elizabeth Taylor und Richard Burton haben dieses Paradigma einer zerrütteten Ehe in den 1960er Jahren mit durchschlagendem Erfolg auf die Leinwand gebracht – durchschlagend um so mehr, als jedermann wissen konnte, dass es bei dem berühmten Paar zu Hause nicht anders zuging. Im digitalen Raum aber hat selbst jede vollzogene Trennung ein endloses Nachspiel. Paare, die den Austausch von Passwörtern für ihre Online-Aktivitäten als Vertrauensbeweis und Währung ihrer Intimität begreifen, sehen sich nach einer Entzweiung nicht nur mit einer Flut an intimen Bildern und Informationen konfrontiert, die sie gerne in die Anonymität zurückholen würden, sondern auch mit einem Netzwerk aus sogenannten Freunden, die sich bemüßigt fühlen, die jeweiligen Partner auch fürderhin vom Treiben des oder der Ex-Geliebten in Kenntnis zu setzen. Während man früher den anderen einfach mit der Schere aus dem Bild entfernen konnte, liefert die ubiquitäre Online-Präsenz intimer Momente eine Bilderflut Scham auslösender, überholter Verhältnisse.

Die bereits Mitte der siebziger Jahre von Richard Sennett beklagte »Tyrannei der Intimität« ragt inzwischen in jede Seelennische. Das Bedürfnis nach Zeugenschaft oder auch nur der Wunsch, die Wahrnehmung auf sich zu ziehen, hat heute freilich noch eine gesteigerte masochistische Komponente – davon zeugen die Unmengen von Reality-Shows, in denen sich Menschen aus freien Stücken vor aller Welt bloßstellen lassen. Der Erfolg von Heidi Klums aus Amerika importierter Casting-Show »Germany's Next Top-Model« ist beispielhaft für die zynische Qualität solcher Fernsehformate.

Heidis minderjährige »Mädels«, die für die Illusion, demnächst als Top-Model über den Laufsteg großer Designer zu staksen, verbale Demütigungen einstecken müssen, die jeden halbwegs empfindsamen Menschen schaudern lassen, unterwerfen sich Ritualen, die an Bordell und Standgericht denken lassen. Es versteht sich, dass diese Arrangements weniger mit dem Modelberuf als mit der pornographisch-sadistischen Phantasie der Show-Produzenten und der Schadenfreude der Zuschauer zu tun haben. Halbnackt müssen die jungen Mädchen im Eis posieren, Kakerlaken und Frösche auf ihrer Haut erdulden und wie im Rotlichtmilieu an der Stange tanzen, bis sie blau und grün sind. Schlimmer noch aber ist der eiskalte Kasernenhofton, mit dem die Model-Mutti Klum den heulenden Aspirantinnen ihre Mängel um die Ohren haut. Den Kandidatinnen tritt die Pro-7-Ikone in einem unberechenbar raschen Wechsel von scheinbar gutmeinender Freundin und gnadenloser Scharfrichterin entgegen, die ihr Urteil erst fällt, nachdem sie die Ausgemusterte ordentlich zappeln lassen hat. Mögen die harschen Urteile, die Klums selbstgefälliges Jury-Regime mit autoritärem Gestus fällt, auch der Brutalität des Model-Business selbst entspringen (wie Klum stets betont), die allen Wettbewerbsshows eigene Dramaturgie, in der die Starken vor laufender Kamera vernichtende Urteile über die Schwachen fällen, ist eine mit der Wucht der Beschämung arbeitende Inszenierung, die sogar zuverlässiger Quote macht als Sex und Gewalt. »Forget the Sex and Violence; Shame Is the Ratings Leader« lautete unlängst die Überschrift eines Artikels über Entwicklungen auf dem Markt der Reality-Shows in der »New York Times«.

Natürlich muss der Schamfaktor ständig gesteigert werden; noch die größte Peinlichkeitsinszenierung nutzt sich in der ewigen Wiederholung ab. Weshalb diese Sorte Shows immer absurdere Züge trägt. Ob versteckte Kameras im Bordell, Wettbewerbe im totalen Erschöpfungszustand (die Kandidaten konkurrieren unter tagelangem Schlafentzug), Zickenkriege unter »Real Housewives« (neuerdings im Mafia-Milieu) oder Sendungen, in denen der erbauliche Kampf ums Familienerbe im Fernsehstudio ausagiert wird, stets ist die Demütigung, das sogenannte Fremdschämen, der Kick dieses hämischen TV-Formats.

Dabei ist das Prestige, »im Fernsehen aufgetreten« zu sein, für die Beteiligten offenbar so bestechend, dass der Glanz des fünfundvierzigminütigen Ruhms das Elend seiner Bedingungen weitgehend zu überstrahlen vermag. Sich im TV-Container oder im Dschungelcamp zu blamieren, ist für viele immer noch besser, als gar nicht sichtbar zu sein. In Wettbewerbsshows wie »Deutschland sucht den Superstar« kommt, ähnlich wie bei Heidi Klum, die alte Form des Tribunals wieder zu Ehren – der Pranger, an dem Leute öffentlich bestraft und unbekümmert gedemütigt werden durften. Da bibbern junge Männer mit eingenässter Hose im grellen Licht der Beschämung oder brechen auf der Bühne zusammen, und RTL-Zuchtmeister Dieter Bohlen tritt noch feixend nach. Schließlich sucht der Privatsender die Kandidaten für Bohlens Show nach Kriterien wie Drogenproblemen, Knasterfahrung und Selbstmordversuchen aus. Die unterwürfige Art, mit der Hohn und Tadel oder, schlimmer noch, Lob von den Aspiranten solcher Blamage-Shows entgegengenommen werden, der selbstgefällige und gespielt sadistische Gestus, mit dem die sogenannten Juroren – meist selber alles andere als satisfaktionsfähige Gestalten – die oft in Tränen aufgelösten Kandidaten herunterputzen: All das ist so kalt kalkuliert, dass man sich als Zuschauer eigentlich nur noch winden kann. Gäbe es da nicht das faszinierte Staunen darüber, dass Menschen sich derlei antun mögen.

Ein Teil des Erfolgs dieser TV-Formate verdankt sich vermutlich dem Umstand, dass die Inszenierung der Beschämung anderer im Betrachter das Gefühl der Superiorität auszulösen vermag. Auch die gezielten Gemeinheiten der Konkurrenten untereinander, die zum Skript der Reality-Shows dazugehören, tragen zu dieser Überlegenheitsillusion bei: So schäbig wäre man selber nie. Doch mögen die einen auch pure Schadenfreude genießen und über die Peinlichkeit der sich Entblößenden lachen – ein Großteil der Zuschauer reagiert wohl eher mit einer ambivalenten Empfindung, in die sich die Identifikation mit dem Gedemütigten mischt. Denn diese Orgie der Schadenfreude würde nicht funktionieren, wäre bei den Zuschauern jegliches Schambewusstsein erstickt. Selbst wer an der Niederlage anderer Freude empfinden kann, spürt noch immer den Stachel der Scham, der ihn selbst mal getroffen hat. Aller Exhibitionismus, ob im Internet oder in den Reality-Shows, nimmt das Schamempfinden in Geiselhaft. Ohne den Schatten der Scham wären auch diese Entblößungsshows ganz ohne Reiz.

Der Stachel der Scham – Gesichtsverlust

> Verletztes Schamgefühl ist der tiefste Schmerz, weil er der unerklärlichste von allen ist.
>
> *Søren Kierkegaard*

SCHAM rührt an die stets sprungbereite Angst, verlassen zu werden. Diese Angst, die aus den frühesten Zeiten der Kindheit stammt und in der Erziehung nicht selten instrumentalisiert wird, steckt zuletzt in allen Anpassungsleistungen, die wir aus Gründen der Schamvermeidung befolgen. Wir beugen uns den Regeln der Eltern oder den Normen der Gruppe nämlich weit öfter, um zu gefallen, als etwa aus Einsicht oder Vernunft. Die Angst, nicht zu genügen, provoziert Scheu und das – oft eingebildete – Gefühl von Unterlegenheit. Schamhaftigkeit ist eine verschärfte Variante der Schüchternheit, beide dienen dazu, Situationen, die eine Herabsetzung oder Ablehnung provozieren könnten, von vornherein zu vermeiden.

Denn Scham isoliert. Auf diesem Umstand fußen die Strategien des Ausschlusses, die – von der Stigmatisierung des Sündenbocks bis zum Mobbing – nichts weiter sind als das menschenverachtende Bündnis einer vermeintlich überlegenen Gruppe über eine ausgesuchte Minderheit oder eine Person. »Beschämungen sind soziale Techniken, um die eigenen Vorteile gegenüber fremden Ansprüchen konservieren zu können, um abweichende Lebensformen oder Eigenschaften als minderwertig zu klassifizieren, um die eigene Macht in der Interaktion mit Dritten zu erhöhen«, schreibt Sighard Neckel in »Soziologie der Scham«. Sie taugen dazu, durch Ausschluss kritischer oder bedrohlicher oder auch nur fremder Personen die herrschende Moral (oder Bigotterie) zu schützen.

Mit dem Ausschluss eines Menschen aus der Gemeinschaft wird dieser in eine existentielle Fremdheit – auch vor sich selber – verstoßen. »Sie war unter der Last ihrer Schande genauso allein, als ob sie auf einem anderen Stern wohnte«, heißt es in Nathaniels Hawthornes Ehebruch-Roman »The Scarlet Letter«, einer Geschichte über die isolierende Macht der Stigmatisierung. Denn der Beschämung wohnt stets ein Moment der Verdinglichung inne. Man ist seiner Handlungs- und Deutungshoheit beraubt, Objekt der Blicke der anderen. So sperrt die Scham uns in unserem Scheitern ein.

Damit der Akt der Beschämung seinen Zweck erreicht, muss die Verantwortung für den beschämenden Mangel jedoch auf die beschämte Person selbst übertragen werden. Dieses Verachtungskalkül geht meistens auf, da Beschämung immer auch an die Ohnmacht des ungeliebten, gefügig gemachten Kindes appelliert. Norbert Elias hat diesen Vorgang in seinem Werk »Über den Prozess der Zivilisation« folgendermaßen beschrieben:

»Das Schamgefühl ist eine Art von Angst, die sich automatisch und gewohnheitsmäßig bei bestimmten Anlässen in dem Einzelnen reproduziert. ... Der Konflikt, der sich in Scham-Angst äußert, ist nicht nur ein Konflikt des Individuums mit der herrschenden, gesellschaftlichen Meinung, sondern ein Konflikt, in den sein Verhalten das Individuum mit dem Teil seines Selbst gebracht hat, der diese gesellschaftliche Meinung repräsentiert. (...) Er fürchtet den Verlust der Liebe oder Achtung von Anderen, an deren Liebe und Achtung ihm liegt oder gelegen war. Deren Haltung hat sich in ihm zu einer Haltung verfestigt, die er automatisch sich selbst gegenüber einnimmt. Das ist es, was den Einzelnen gegenüber den Überlegenheitsgesten anderer, die in irgendeiner Hinsicht diesen Automatismus in ihm aktualisieren, so wehrlos macht.«

Welch seelisches Elend entsteht, wenn Menschen in der ständigen Angst leben, den Vorstellungen ihrer Umgebung, der Nachbarn, Kollegen oder auch wildfremder Leute nicht zu genügen, davon kann die Literatur – ein oft ironisch intoniertes – Lied singen. Nicht wenige Menschen richten sich in den krudesten Formen der Dauerlüge und Selbstverfehlung ein. Der Mann, der jeden Tag mit der Aktentasche das Haus verlässt, obwohl er seinen Job schon vor Wochen verloren hat, die alte Frau, die lieber ihr Leben aufs Spiel setzt, als jemanden um Hilfe zu bitten: Solche von Schamangst bestimmten Verhaltensweisen zeigen die bösartig konformistische Seite der falsch verstandenen Scham. Überall dort, wo die Sehnsucht mit der Nomenklatur der Wohlanständigkeit und die soziale Stellung mit den verkrusteten Hierarchien in Konflikt geraten, herrscht auch der potentiell giftige Terror der Schambereitschaft.

Befeuert von der Angst vor sozialer Unterlegenheit, orientiert sich das Schamgefühl in der modernen Leistungsgesellschaft zudem vor allem an den Werten und Merkmalen, die der Person Prestige verleihen. Materielle Voraussetzungen, familiäre Verbindungen, Ausbildung oder auch das Erscheinungsbild werden – je nach Laune der Pandora – als individuelles Verdienst oder persönliches Manko empfunden. Diese Entwicklung ist relativ neu. Während in der ständischen Gesellschaft beschämende Mängel von Personen untereinander nur begrenzt vergleichbar waren, weil Standespflichten die Erfüllung je eigener Normen verlangten, vereinheitlicht sich der Bezugsrahmen sozialer Wertschätzung in der modernen Gesellschaft nach Maßgabe von Marktchancen. Eine zentrale Rolle spielt dabei das Leistungsprinzip als äußerlich gleiche, in Wirklichkeit jedoch sozial selektive Leitnorm der bürgerlichen Gesellschaft.

»Wenn keine herkunftsrechtlichen Schranken mehr bestehen, sich Reichtum, Wissen, Titel, Kompetenz durch Leistung zu verschaffen, wird die Tatsache, über bestimmte Ressourcen nicht zu verfügen, als Makel der Person angesehen«, schreibt

Sighard Neckel. »›Unterlegenheit‹ – in der ständischen Gesellschaft noch kollektiver Status, der auf Rechtsungleichheit beruhte – erhält nunmehr einen persönlich zurechenbaren Charakter.«

Sobald die einzelnen aus ihrem sozialen Bezugsrahmen fallen – sei es der Klassenzugehörigkeit, sei es des Familienverbands, der beruflichen Tradition oder des regionalen Milieus –, werden sie heute für ihren gesellschaftlichen Status selbst verantwortlich gemacht. Soziale Benachteiligungen werden so leicht als persönliches Versagen erlebt. Und dieses Versagen bezieht sich nicht allein auf Qualifikationen, sondern auf die ganze Person. Das Schamgefühl verliert seine Bedeutung als sittliches Regulativ und trumpft als soziale Sanktion um so mächtiger auf.

Am Online-Pranger – Scham und Pubertät

> Man kann den Nervenkitzel, den eine unmittelbare Reaktion auf einen blog post auslöst leicht mit dem Rausch vergleichen, den eine Droge entfacht, und das Abebben der Erregung mit dem Prozess der Gewöhnung an die Wirkungen einer Droge. Die Metapher ist sogar so exakt, dass es eigentlich keine Metapher mehr ist.
>
> *Emily Gould, Bloggerin*

AUCH wenn die Welt der Kindheit sich niemals im Stand der Unschuld befand, fällt sie in der Pubertät noch einmal aus allen Himmeln. Das kommt, sagen die Psychologen, von einem entwicklungsbedingten Schub des kritischen Denkvermögens, der oft verbunden ist mit einem gedanklichen Rigorismus, dem nichts und niemand standhalten kann. Die Psychologie spricht auch von einer narzisstischen Selbstüberschätzung, in der das fragile Eigenerleben mit hochfliegenden Ambitionen, Abwertungen, Idealisierungen, verstärkter Kränkbarkeit, rasender Wut und extremer Schamanfälligkeit verknüpft ist.

»Erborgte Gefühle«, heißt es in Robert Musils klassischer Pubertäts-Novelle »Die Verwirrungen des Zöglings Törleß«, trügen die Jugendlichen über den gefährlich weichen seelischen Boden dieser frühen Jahre hinweg. »Wenn man solch einem jungen Menschen das Lächerliche seiner Person zur Einsicht bringen könnte, so würde der Boden unter ihm einbrechen, und er würde wie ein erwachter Nachtwandler abstürzen, der plötzlich nichts als Leere sieht.« Musils »Törleß« erschien 1906. Doch nach wie vor ist das verwunschene Land zwischen Kindheit und Erwachsenenwelt vermintes Gelände: eine Zeit, in der das Herz aus dem Takt gerät, in der die Fremdheit des andern und mehr noch des eigenen Geschlechts Angst einflößt. Es ist die Phase der steilen Posen und körperlichen Metamorphosen, der Heimlichkeit und des Verrats. Und es ist die Zeit, in der die Scham eine Wucht entfaltet, die in die Tiefen der Existenz einschlägt.

Mag die Inkubationszeit der Pubertät auch gründlich erforscht und popkulturell weidlich ausgeschöpft sein, in ihrem Erleben bildet sie noch immer das Szenario eines archaisch-verschämten Tabus. Davon sprechen die Märchen, wenn sie die Mädchen im Alter der ersten Menstruation in Türme oder in Glassärge sperren. Da fällt ein Fräulein in einen hundertjährigen Schlaf, und derweil die Kolonne der Jahre spurlos vorüberzieht, muss doch etwas in der Zeit geschehen: ein Prozess, der erst das Erwachen ermöglicht. Durch welches Tal des Vergessens muss Dornröschen ziehen, damit es als Frau erlöst werden kann? Schneewittchen,

Dornröschen sind Wesen im Winterschlaf. Und doch vollzieht sich in ihrem Innern jener dramatische Wandel, der die Latenz des Begehrens heimholt in den Sexus und die Vergänglichkeit.

Dort, wo die Märchenzeit aufhört und unser Alltag beginnt, ist der Kuss des Prinzen nichts anderes als der Moment, da unser fremdes Ich die Augen aufschlägt. Im Prozess des Zurweltkommens ist diese Krisis der Identität die folgenreichste, weil mit ihr auch das Bewusstsein der eigenen Fragilität seine Krallen ausfährt. Keine andere Lebensphase ist stärker mit Scham besetzt als jene, in der der Geschlechtstrieb die kindliche Unschuld verliert. Die Pubertät ist eine Verrückung, in der jeder Gemütsausschlag Absolutheit beanspruchen will; nie wieder sind wir so kompromisslos unglücklich, nie wieder so jubelbereit wie in dieser haltlosen Zeit. Dabei ist das Unheimlichwerden des Selbst nicht bloß das Resultat eines Hormonausstoßes, nicht nur das angsteinflößende Fuchteln der Triebe. Es entsteht auch durch die Erfahrung, dass das Kind, das man war, dabei zuschaut, wie es sich gänzlich abhanden kommt. Diesem Gären der Säfte, die plötzlich unkontrolliert aus dem Körper treten, diesem physiologischen Umsturz der Hierarchien, der sich die Scham zur Geisel nimmt und die äußerliche Erscheinung (samt Marken-Klamotten) mit seiner Herrschsucht belegt, kann so schnell kein inneres Korrektiv Paroli bieten. Die Pubertät etabliert eine nicht mehr aus der Welt zu schaffende Anfälligkeit für die Macht der Demütigung, die sich mit der Sehnsucht und dem sexuellen Begehren liiert.

Nun ist es kaum vorstellbar, dass die Pubertierenden noch immer von jenen vornehmlich christlich geprägten Schuld- und Schamgefühlen gepeinigt werden, die noch Mitte des letzten Jahrhunderts den Heranwachsenden das Leben schwermachten. Doch sind die Torturen der Jugend im Internet-Zeitalter lediglich anderer Natur. Die sexuellen Erfahrungen, die früher mit Verboten und Heimlichkeit umgeben waren, liegen heute blank im grellsten Scheinwerferlicht und üben einen massiven Leistungsdruck aus. »Cool« zu sein und sich selbst im sozialen Netzwerk hemmungslos auszustellen, gehört zum Profil des Jungseins inzwischen dazu. Dabei hat die vermeintliche oder tatsächliche Schamlosigkeit, man könnte auch sagen: Naivität, mit der viele junge Internet-User ihre intimsten Geständnisse oder unzulänglichen Fähigkeiten den Blicken der Online-Gemeinde aussetzen, beinahe schon etwas Entwaffnendes. Nur liefert dieser Exhibitionismus häufig genug die Waffen, die dann auf sie angesetzt werden.

»Freundschaft« ist das Zauberwort einer Software, die alle zusammenzubringen vorgibt und die nicht selten das Gegenteil praktiziert. David Finchers vielgefeierter Film »The Social Network«, der den Facebook-Gründer Mark Zuckerberg porträtiert, beginnt mit einer Demütigung. In der Eingangsszene wird der Protagonist von seiner Freundin sitzengelassen. Der Wut über die Zurückweisung lässt er in einem Blog über ihre BH-Größe freien Lauf. Diese Errichtung eines pubertären Online-Prangers wird in dem Film zur Geburtsstunde des Facebook-Imperiums stilisiert. Nimmt man die Filmidee ernst, dann gründet die Psychodynamik des »sozialen Netzwerks« in dem Impuls, die eigene Niederlage in die Beschämung anderer umzumünzen – und zwar durch eine zigfache Multiplikation des Publikums.

So wächst dem Schamempfinden, diesem uncoolsten aller Gefühle, im Internet eine neue Spielweise zu. Die Vermessung des Brustumfangs ist inzwischen zum Klassiker des digitalen Mädchen-Rankings avanciert (die Penis-Größe wird meines Wissens online noch nicht mit Noten versehen). Bei Internet-Diensten wie *Formspring.me* oder der Facebook-Applikation *Honesty Box* ist die Aburteilung von Looks und Eigenschaften der Regelfall jugendlichen Datenaustauschs. Es herrscht ein genießerisch inszenierter Wahrhaftigkeits-Bluff, frei nach dem Motto »Ich sag dir jetzt mal, wie es wirklich ist«, oder, schlimmer noch, der feige Furor anonym gedeckter Boshaftigkeit. Dabei funktionieren die neuesten Formen des Cyber-Mobbings wie eine digitale Schul-Klo-Wand, auf der Gemeinheiten ohne erkennbaren Absender deponiert und von den Betroffenen selbst zwanghaft weiterverbreitet werden. Doch egal, ob es um die Beanstandung schiefer Zähne, blöder Klamotten oder den geradezu inflationären Anwurf der »Schlampe« geht – die Online-Entblößung vermeintlicher physischer Mängel oder intimer Details trifft viele Jugendliche mit vernichtender Wucht und nicht selten tödlichen Folgen.

Am 22. September 2011 bestieg der 19-jährige Musikstudent Tyler Clementi den Shuttlebus der Rutgers University in New Jersey, der ihn zum Zug nach New York bringen sollte. Mit seinem Handy im Gepäck betrat er um acht Uhr abends die George Washington Bridge. Um 8 Uhr 42 machte er auf Facebook einen letzten Eintrag: »Jumping of the gw bridge, sorry.« Es gab keine Zeugen. Sein Telefon und sein Portemonnaie wurden später auf der Brücke gefunden. Clementi war aus Scham über eine Bloßstellung im Internet in den Tod gesprungen.

Der weltweit Schlagzeilen machende Selbstmord von Tyler Clementi ist nur ein Beispiel von vielen. Ein Mitbewohner hatte den Zimmergenossen, einen sensiblen und hochbegabten Violinisten, bei einem intimen Treffen mit einem Bekannten per Webcam ausspioniert. Anschließend gab er auf Twitter folgende Botschaft bekannt: »Mitbewohner wollte den Raum bis Mitternacht haben. Ich habe meine Webcam angeschaltet und habe gesehen, wie er mit einem Kerl rummachte. Juhu.« Als Clementi am Dienstag darauf das Zimmer wieder für sich und seinen Besuch reklamierte, forderte der Web-Spion seine Kommilitonen via Twitter auf, an einem Live-Streaming teilzunehmen. 24 Stunden später war Clementi tot. Wer die seinerzeit überall veröffentlichte Photographie des Jungen betrachtet, das zarte und blasse Gesicht, aus dem die Spuren der Spätpubertät noch nicht ganz verschwunden waren, der versteht sogleich, dass Clementi ein leichtes Opfer für schaminduzierte Gemeinheiten war.

Es ist bekannt, dass viele Jugendliche kein Bewusstsein von der potentiellen Brutalität dessen, was man heute Cyber Bullying nennt, entwickeln. Das Höhnen wird schlicht als zum jugendlichen Verhaltenskodex gehörend verbucht. Clementis Selbstmord beglaubigt so nur einmal mehr das Ausmaß der Hilflosigkeit gegenüber den emotionalen Fallstricken einer technologischen Revolution, die weit schneller voranschreitet als die sie regelnden Kodizes. Die soziale Software, die inzwischen weite Teile der jugendlichen Kommunikation bestimmt, ist mit den weniger grellen Affekten, die unser Offline-Dasein bestimmen, nicht kompatibel. Kein Puffer, keine mildernden Gesten, die das Schamgefühl relativieren könnten, keine Etikette der Rücksicht sind einprogrammiert. So ebnen die Social Networks einerseits viele Hierarchien ein, um dann in Form einer Online-Gerichtsbarkeit andere zu etablieren. Wer fünfhundert »Freunde« hat, hat eben auch viele mögliche Feinde.

Natürlich ist die Lust an der Erniedrigung kein Spezifikum des Internets. Gleichwohl erfährt die Beschämung in diesem Medium eine gesteigerte Qualität. Die nahezu unbeschränkte Sichtbarkeit der Entblößten erhöht ihre Wehrlosigkeit und erzielt auf seiten der »Zuschauer« einen voyeuristischen Kick, der die Illusion der eigenen Überlegenheit nährt – zumal das feixende Publikum meistens unsichtbar bleibt. Die Verhöhnten geraten dann häufig in einen *feedback-loop*, indem sie die eigene Herabsetzung noch mit geposteten Antworten sekundieren. Dabei vermag die narzisstische Zufuhr durch die Aufmerksamkeit der Netz-Gemeinde die Demütigung durch deren herabsetzende Bemerkungen offenbar zu neutralisieren. Nur so lässt sich erklären, dass die Sucht, die Kommentare nicht nur ununterbrochen zu checken, sondern auch massenhaft weiter zu ventilieren, gerade dann unbesiegbar ist, wenn der Inhalt besonders vernichtend ausfällt.

Die New Yorker Bloggerin Emily Gould hat vor einiger Zeit im »New York Times Magazine« eine Beichte über ihre Online-Sucht abgelegt. Darin beschreibt sie, wie ihr brennender Wunsch, intimste Details im Netz zu verbreiten, vor allem von der Obsession befeuert wurde, möglichst viele Kommentare zu empfangen. Dabei waren die abfälligen Bemerkungen genauso wichtig wie Lobhudeleien. Entscheidend für den süchtigmachenden Charakter dieser Dauer-Kommentierung nämlich ist der permanente Adrenalinstoß: Man wähnt sich im Mittelpunkt – und zwar immerzu und sofort.

Gould war ursprünglich von der amerikanischen Online-Klatsch-Spalte »Gawker« angestellt worden, um *celebrities* aus der Medienwelt zu blamieren, was sie mit Gusto und jener selbstherrlichen Unverschämtheit betrieb, die zu dieser Tätigkeit zu gehören scheint. Bis sie infolge eines verunglückten Fernseh-Auftritts auf einmal selber Opfer einer Beschämungslawine wurde – ein Vorfall, durch den der etwa dreißigjährigen Frau erstmals die Fragwürdigkeit ihres täglichen Tuns aufging. Als sie, von der Late-Night-Show »Larry King Live« zurückgekehrt, sofort an den Laptop ging, um auf ihrer Website die Reaktionen auf ihren Auftritt zu checken, war ihre *In-Box* überfüllt. Der Hohn, der ihr da entgegenschlug, war so überwältigend, dass Gould sich tagelang nicht aus dem Haus traute. Die narzisstische Spiegelung durch die ständige Aufmerksamkeit ihrer Fans war in das Gegenteil umgekippt – in die reine Vernichtung:

»Ich rutschte auf den Küchenboden und blieb dort in fötaler Krümmung liegen. Ich wollte nicht mehr existieren. Ich hatte mein Leben in so außergewöhnlicher Weise öffentlich gemacht, und ich wollte das alles zurücknehmen, doch um dies zu tun, hätte ich das gesamte Internet zerstören müssen. Wenn es nur möglich gewesen wäre! Google, YouTube, Gawker, Facebook, World Press – alle verschwunden! Ich kniff die Augen zusammen und flehte den Himmel um einen elektromagnetischen Sturm an, der jeden Fehler auslöschen würde, den ich jemals gemacht habe.«

Man kann an diesem Zitat gut erkennen, wie Beschämung in der ach so flüchtigen virtuellen Welt in Wirklichkeit eine Verschärfung durch Dauer erfährt; das, was vernichtet, ist unauslöschlich für jeden einsehbar und wird es im Zweifelsfall bleiben. Seit Adam und Eva müssen wir offenbar wieder und wieder in den sauren Apfel beißen, um zu erkennen, dass nicht nur die anderen, sondern auch wir selber nackt sind. Und sei es im *feedback-loop*.

Intermezzo: Ein Engel geht durch den Raum

ALS er ins Zimmer trat, verfielen wir schlagartig in ein betretenes Schweigen, das sekundenlang in der Schwebe hing. »Ein Engel geht durch den Raum«, sagte Anna und lachte nervös. Peter schaute erstaunt von einem zum andern, hüstelte und murmelte etwas, das sich wie eine Entschuldigung anhörte. Kathrin, in der Rolle der Gastgeberin, lud ihn ein, sich zu uns zu setzen. Eine leichte Röte hatte ihr schmales Gesicht erhitzt, und sie sprang auf, um einen Stuhl zu holen. Plötzlich wurden alle geschäftig, redeten durcheinander und waren bemüht, Peter das Gefühl zu geben, er sei lange erwartet worden. Peter nippte an seinem Glas, doch ein Gespräch kam nur mühsam wieder in Gang, und unsere Heiterkeit wirkte bemüht. Bald brachen die ersten auf. Keiner konnte das Wissen hinter sich lassen, dass Peter wusste, dass wir über ihn geredet hatten. So war unsere Unterhaltung nichts weiter als die Camouflage unserer Betretenheit, ein Skandieren des Mantras der Scham: Ich weiß, dass du weißt, dass ich weiß.

Anstand und Abstand

> Die Menschen schämen sich nicht, etwas Schmutziges zu denken, aber wohl, wenn sie sich vorstellen, dass man ihnen diese schmutzigen Gedanken zutraue.
>
> *Friedrich Nietzsche, »Menschliches, Allzumenschliches«*

In allen Dingen des Alltags reguliert das Gefühl für das, »was sich gehört« – oder auch nicht –, unser Verhalten. Anstand und Abstand – die Regeln der Höflichkeit und der Gebräuche und jene Grenzen der Intimität, die den Hof um die Person schützen und die private Sphäre von jener der Öffentlichkeit unsichtbar trennen, sind sämtlich von Scham reguliert. Dass dieses Empfinden nicht überall gleich geteilt wird, zeigt uns der technologische Umbruch, welcher die Grenzen der Toleranz höchst unterschiedlich strapaziert. Was die einen als äußerste Impertinenz empfinden, tun die anderen mit größter Selbstverständlichkeit. Bei einem beliebten Beispiel aus dem Repertoire der täglichen Zumutungen, dem Zankapfel namens Mobiltelefon, ist die Trennung zwischen öffentlich und privat inzwischen nahezu aufgehoben. Die intimen Belanglosigkeiten lauthals im Zugabteil auszuposaunen, ins Handy quasseln, während man im Supermarkt der Kassiererin seine Karte gibt, als wäre sie ein

Geldautomat, auf dem Trottoir abrupt zu stoppen und den Strom der Passanten blockieren oder den Kinderwagen anderen hemmungslos in die Hacken zu rammen – der Katalog der auf jede Rücksicht pfeifenden Handy-Absenzen ist praktisch unendlich. Vor allem in den Großstädten ist das Abtauchen in den Autismus, sei es mit iPad, sei es mit iPhone, inzwischen die Norm.

Beim Übertritt ins Informationszeitalter hätten wir »den alten antiprometheischen Affekt, die Scham, abgeschüttelt wie einen überflüssigen Umhang«, meint der Schriftsteller Botho Strauß. Zum Vorschein kommen Verhaltensweisen, die – wie von wildem Gestikulieren begleitete Handy-Monologe – früher einmal als wahnsinnig galten. Gleichwohl hat der Weg in die technologisch aufgerüstete Kommunikationsblase die Kontrollmechanismen der Scham nicht suspendiert.

Denn nichts steuert unser Verhalten so sehr wie die Angst vor Gesichtsverlust. Wir möchten dem Bild entsprechen, das wir von uns selber pflegen – und wir schämen uns, wenn wir diesem Ideal nicht genügen. Dabei hat das Schamgefühl stets zwei Seiten: Das eine ist der Umstand, für den man sich schämt, das andere die Person, vor der man sich schämt. Dieser Andere muss von uns als Autorität anerkannt sein; wir schämen uns gemeinhin nicht vor jemandem, dem wir kein Urteil über uns zubilligen. Und doch kann, wo es an Selbstbewusstsein mangelt, jeder Beliebige zu einer solchen Instanz avancieren, sofern er nur an uralte Schamängste appelliert.

Der Kulturhistoriker Georg Simmel meinte, dass Beschämung am intensivsten von jenen Menschen ausgeht, »die uns weder völlig fern, noch völlig nahe stehen«. Darum ist die Schamkontrolle in einer ländlichen Reihenhaussiedlung größer als etwa in einem Hochhaus. In einer Kleinstadt sind die Blicke der anderen viel eher Verstärker der Norm als im urbanen Dschungel, wo die diversen Lebensformen, Kulturen und individuellen Exzentrizitäten sich gegenseitig nivellieren. Das Heben der Toleranzschwelle ist der befreiende Effekt des urbanen Milieus. Gleichwohl gelten natürlich auch in der Dichte des Großstadtgetriebes Regeln, die über die Schamgrenzen wachen. Man blickt sich im Aufzug nicht direkt ins Gesicht; und stehen wir Körper an Körper gedrängt in der überfüllten U-Bahn, so tun wir, als spürten wir diese Berührungen nicht. Das Schamgefühl stellt eine Wahrnehmungsrüstung her. Die Reibungshitze für Aggressionen ist in solchen Situationen gleichwohl oft beträchtlich, weshalb unterm Visier dieses Harnischs die Alarmbereitschaft auf Hochtouren läuft.

Ein schaminduzierter Konfliktherd sind auch ethnische Differenzen – wenn etwa unterschiedliche Kulturkreise und Ehrvorstellungen in Konflikt miteinander geraten. Was Samuel Huntington mit dem Begriff »Clash of Civilizations« umschrieb, hat eine vitale Quelle in Schamkonflikten, deren brutale Ausformung nicht nur in den Massenmorden fanatisierter Islamisten zum Ausdruck kommt, sondern – auf der Gegenseite – auch in den auf grausamer Demütigung beruhenden Folterpraktiken in Guantanamo oder im irakischen Abu Ghuraib. Letzteres ist besonders durch die Photographien von nackten irakischen Häftlingen zu trauriger Berühmtheit gelangt, die – um nur ein Beispiel zu nennen – von amerikanischen Militärangehörigen an die Hundeleine gelegt oder zu absurden Körperskulpturen aufgebaut worden waren, derweil die Folterer dazu triumphierend in die Kamera grinsten. Dass diese Schande in der arabischen und muslimischen Welt den Hass auf den Westen mit einer für die Rekrutierung von Terroristen höchst willkommenen Energie speiste, versteht sich von selbst.

Doch auch in weniger atavistischen Kontexten führt das Aufeinanderprallen unterschiedlicher Schamvorstellungen mitunter schon zwischen zwei Generationen zu tödlicher Gewaltbereitschaft. Wie die »Ehrenmorde« an türkischen Mädchen in Berlin bezeugen, bergen besonders die Differenzen in der Sexualmoral ein explosives Schampotential. Scham war zu allen Zeiten vor allem weiblich kodiert und Beschämung das Mittel der Wahl, das weibliche Geschlecht in den Fängen der Manipulierbarkeit und der Selbstnegierung zu halten.

Intermezzo: Entblößt

NIE konnte sie jenen sonntäglichen Familienausflug vergessen, bei dem sie ihr Höschen einnässte. Sie war damals etwa vier Jahre alt und wurde angehalten, die Spielhose auszuziehen und nackt weiter zu laufen. Das war jetzt ein halbes Jahrhundert her. Sie sah noch immer mit überdeutlicher Schärfe die Situation: den grellen Sonnenschein, den staubigen Weg, die Eltern und die Geschwister (feixten sie?), das unwirsche Kindermädchen im Rücken und vor sich den Hund – als paradierten das Tier und sie an vorderster Front. Die feuchte Spur im rosakarierten Stoff. Und nie vergaß sie das Brennen der Scham, das wie ein heißes Schwert durch sie fuhr. Es war nicht das Missgeschick, das sie beschämte. Es war der Moment der Entblößung vor aller Augen – in der Kinderempfindung ein roher Akt der Gewalt. Nackt unter lauter Angezogenen erlitt das Kind den grellen Schmerz des Ausgesetztseins.

»Du solltest dich schämen!«

Wen nennst du schlecht?
Den, der immer beschämen will.

Friedrich Nietzsche

An den spezifischen Formen der Kinder-Beschämung lässt sich die Signatur einer Epoche besonders gut ablesen. Beschämen als Erziehungsmethode war vor allem bei Mädchen noch bis in die Zeit, bevor der Feminismus gegen diese Form der Zurichtung zu protestieren begann, ein probates Mittel, das weibliche Geschlecht im Zaum der Demut zu halten. Dabei war es ursprünglich vor allem die weibliche »Unschuld«, die es zu überwachen galt. Doch immer ging es auch darum, dem weiblichen Selbstbewusstsein und Freiheitsdrang die Knebel der Scham anzulegen. Das »wunschlose Unglück«, das einmal aus solchen Konditionierungen entstand, hat der Schriftsteller Peter Handke in dem gleichnamigen Buch über den Selbstmord seiner Mutter höchst eindringlich dargestellt. Handke beschreibt die permanente Erniedrigung der Mutter als eine Auslöschung jeglicher Lebenslust:

»Schämst du dich nicht?« oder »Du sollst dich schämen!« war schon für das kleine und vor allem für das heranwachsende Mädchen der von den anderen ständig vorgehaltene Leitfaden gewesen. Eine Äußerung von weiblichem Eigenleben in diesem ländlich-katholischen Sinnzusammenhang war überhaupt vorlaut und unbeherrscht; schiefe Blicke, so lange, bis die Beschämung nicht mehr nur possierlich gemimt wurde, sondern schon ganz innen die elementarsten Empfindungen abschreckte. »Weibliches Erröten« sogar in der Freude, weil man sich dieser Freude gehörigst schämen musste; in der Traurigkeit wurde man nicht blass, sondern rot im Gesicht, und brach statt in Tränen in Schweiß aus.

Handke erzählt, wie diese Vernichtungsaktion der Mutter in Fleisch und Blut überging und ihr lebenslanges Sich-Ducken schließlich die Haltung einer »ängstlich überanstrengten Würde« nach sich zog. Diese Haltung, die »Würde« vortäuscht, wo es an Selbstbewusstsein fehlt, entstand nicht zuletzt aufgrund jenes soziales Gefälles, das durch die finanzielle Abhängigkeit der Frauen und den Ausschluss von Bildung noch bis Mitte des letzten Jahrhunderts zementiert worden war. All dies gehört inzwischen weitgehend der Vergangenheit an. Doch auch wenn heute selbstbewusste Lady-Gaga-Girls mit provokativer Ironie die Show beherrschen und beinharte Power-Frauen die Karriereleiter zumindest bis kurz vor die Top-Position erklimmen, bleibt die potentielle Macht der Beschämung intakt. Denn die Vorstellung, dass Mädchen und Frauen »weniger wert« seien, die sich in manchen Kulturen bis in die Geburtenpolitik der Gegenwart fortsetzt, hat ihren Ursprung in der

Besetzung des weiblichen Körpers, der – von der vormaligen Zuschreibung der »Unreinheit« bis zu den heute geltenden Schönheitsdiktaten – das feminine Geschlecht in beständiger Schambereitschaft hält.

Es war der weibliche Körper, der – wie beispielsweise in Charcots berühmten Hysterie-Vorführungen – zu öffentlichen Demonstrationszwecken ausgestellt wurde und den medizinischen Experimenten ebenso ausgesetzt war wie vormals dem Blick durchs Schlüsselloch – ein Setting, mit dessen erotischem Reiz vor allem die frivole Literatur des 18. und 19. Jahrhunderts spielt. Das auch in der bildenden Kunst beliebte Motiv der nackten schlafenden Frau ist dabei ein *pars pro toto*: Es vertritt den genuinen Impuls der Scham, den Beischlaf den Blicken anderer zu entziehen, und spricht zugleich die Einladung aus, sich das Geschehen plastisch vorzustellen. Denn der voyeuristische Blick gilt im Kern stets jener »verborgenen Scham«, der Gustave Courbet mit seinem Bild »L'Origine du Monde« 1866 ihren ersten unverborgenen Auftritt in der Malerei der Moderne verschuf. Das Bild, das zweifellos einen beträchtlichen Einfluss auf die Darstellung der weiblichen Scham in der Kunstgeschichte entfaltet hätte, war die meiste Zeit in Privatbesitz, es wurde der Öffentlichkeit erstmals im Jahr 1995 gezeigt. Zuletzt hatte es dem Psychoanalytiker Jacques Lacan gehört, der es den Augen seiner Besucher bezeichnenderweise durch einen – in mancher Hinsicht – doppelbödigen Trick entzog. Er beauftragte den Maler André Masson, einen verschiebbaren Doppelrahmen dafür zu bauen, den dieser mit einer Landschaft zierte, die exakt die Linienführung des Originals einhielt. Im Grunde führte Lacan damit just jenen voyeuristischen Blick wieder ein, den Courbet mit seiner konfrontativen Darstellung der weiblichen Scham zu suspendieren gedachte.

Dass dieser die Rezeption von Courbets Gemälde noch immer bestimmen kann, zeigt die jüngste Reaktion von Facebook-Zensoren, welche die Seiten von Nutzern, die das Gemälde ins Netz gestellt hatten, sperrten; Facebooks Kontrollinstanzen hatten »L'Origine du Monde« als »Pornographie« identifiziert. Das Bild, das die bloßgelegte Vulva einer Frau ebenso realistisch wie ästhetisch verklärt darstellt, ist freilich das Gegenteil der stets mit anstößigen Impulsen paktierenden Pornographie: Es zeigt das, was selbst der Koran als den »Schmuck« der Frau bezeichnet, als pure Menschennatur. Courbets Gemälde hat seine beunruhigende Wirkung bis heute nicht völlig abgelegt. Es erinnert uns an den jeden Verstand überfordernden Skandal: Dort, aus der Scham, kommen wir her.

Der Kern des Selbst

Mein Freund, Sie wissen nicht, wie viel Impertinenz eine Frau wie meine Mutter in einen schützenden Blick, wie viel Erniedrigung in ein Wort, wie viel Verachtung in eine Begrüßung legen kann.

Balzac, »Le Lys dans la vallée«

NUN ist es keineswegs so, dass die zerstörerische Macht der Beschämung in der Kindererziehung auf Mädchen beschränkt worden sei; vielmehr waren es beim männlichen Nachwuchs gerade die weichen, die »femininen« Charakterzüge, denen lange mit unerbittlicher Härte und Demütigung begegnet wurde. »Ich schreibe das alles bestimmt nur aus Unglück über meinen Körper«, notierte Franz Kafka ins Tagebuch, und kein anderer hat dem Unglück mit seinem Körper solche Pirouetten der Selbsterkenntnis entlockt. Franz Kafkas »Brief an den Vater« ist die Fallstudie einer schamgebeutelten Konditionierung durch die chronische Wucht der Verneinung. Verneint wird in dieser Erzählung über den Vater jegliches kindliche Streben nach eigenem Ausdruck. Das ganze Dasein des Sohnes, »sein Wesen«, ist dem übermächtigen Vater nicht recht. Es ist kein Zufall, dass sich auch Kafkas Scham am Körper festmacht. Der kleine schmächtige Leib des Sohnes, der neben der rücksichtslos laut-robusten, zu einem monströsen Ausmaß anwachsenden Präsenz des Vaters zu einem Nichts zusammenschrumpft, wird dem Sohn zum Beweis für die alles umfassende kindliche Unterlegenheit:

»Ich war ja schon niedergedrückt durch Deine bloße Körperlichkeit. Ich erinnere mich zum Beispiel daran, wie wir uns öfters zusammen in einer Kabine auszogen. Ich mager, schwach, schmal, Du stark, groß, breit. Schon in der Kabine kam ich mir jämmerlich vor, und zwar nicht nur vor Dir, sondern vor der ganzen Welt, denn Du warst für mich das Maß aller Dinge. Traten wir dann aber aus der Kabine vor die Leute hinaus, ich an Deiner Hand, ein kleines Gerippe, unsicher, bloßfüßig auf den Planken, in Angst vor dem Wasser, unfähig Deine Schwimmbewegungen nachzumachen, die Du mir in guter Absicht, aber tatsächlich zu meiner tiefen Beschämung immerfort vormachtest, dann war ich sehr verzweifelt und alle meine schlimmen Erfahrungen auf allen Gebieten stimmten in solchen Augenblicken großartig zusammen.«

Kafkas »Brief an den Vater« beschreibt den schamlosen Persönlichkeitstypus mit einer von der Kränkung präzise geschliffenen Perfektion und Parteilichkeit. Der Vater erscheint hier als die exemplarische Verkörperung jener »Tyrannen, deren Recht auf ihrer Person, nicht auf dem Denken begründet« ist und die ihrem Nachwuchs nicht selten eine genuine Schamkrankheit einpflanzen. Seelische Grausamkeit, doch auch die subtileren Formen der Ablehnung können Anlass zu chronischem

Schamschmerz werden. Denn notorische Abwertung durch die Beziehungspersonen resultiert meistens in einem gestörten Selbstwertgefühl, das auf der Identifikation mit dem »bösen Blick« der Eltern beruht. Wo solche Ablehnung und Herabsetzung den Charakter formt, kommt es zu einem von Unsicherheit und Scham geprägten Seelenprofil, das auch später noch die ganze Person bestimmt.

Es sind die kindlichen Momente des Nichtwahrens unserer Schamschwellen, die sich dem Gedächtnis besonders einprägen: die Zurschaustellung von Missgeschicken und Mängeln und die Nichtachtung kindlicher Grenzen. Doch schon die frühe Interaktion zwischen Mutter und Kind ist im Hinblick auf die konfliktträchtigen Aspekte der Scham von zentraler Bedeutung. »Liebe wie Ungeliebtheit, Macht wie Ohnmacht – all das wird ganz mächtig in der Wechselwirkung zwischen Gesicht und Auge, Musikalität und Wärme der Stimme, in der Rhythmik des gegenseitigen Ausdrucks zwischen Mutter und Kind ausgetragen« schreibt Léon Wurmser in »Die Maske der Scham«. Ist dieser frühe Austausch gestört, wird das Selbstgefühl häufig zutiefst beeinträchtigt und so der Grundstein für überzogene Scham-Reaktionen gelegt. Chronisch unzureichende Zuwendung führt im Extremfall zu einer Persönlichkeitsstörung, einem existentiellen Schamgefühl, das dem Bewusstsein meist nicht mehr zugänglich ist. Um so gefährlicher ist der Stachel, gegen den es löckt.

Zeige deine Wunde – Strategien der Entblößung

Jemanden öffentlich beschämen
ist wie Blut vergießen.

Talmud, Baba Metzia 58b

LEBLOS wie eine Statue thront die Künstlerin im Atrium des New Yorker Museum of Modern Art – eine wächserne Pythia auf einem postmodernen Museumsaltar. Drei Monate lang hat Marina Abramovič, von gleißendem Scheinwerferlicht bestrahlt, im ersten Stock des MoMA auf einem Stuhl ausgeharrt, sieben Stunden am Tag, ohne zu sprechen und sich zu rühren. Wer immer Lust und den Mut dazu hatte, der Pionierin der Body-Art ins Auge zu schauen, konnte ihr gegenüber auf einem Hocker Platz nehmen – zwischen sich und der Künstlerin nur ein kleiner quadratischer Tisch. Rundherum Kameras und jede Menge knipsender Zuschauer.

»The Artist Is Present« nannte Abramovič diese Aktion, die den Museums-Besucher zum Teilnehmer an der Darbietung machte, meist ohne dass dieser ahnte, wie ihm geschah. Denn was sich in der Face-to-Face-Begegnung jeweils auf den Gesichtern abspielte – Verlegenheit, Abwehr, Spott oder Trauer –, war das eigentliche Ereignis dieses Performance-Kunstwerks, dessen emotionales Echo im Grunde erst hinterher, am Schneidetisch, sichtbar wurde.

Drei Monate Augenkontakt mit Fremden wurden für den Film »The Artist ist Present« auf 100 Minuten zusammengeschnitten, eine Revue der tränenüberströmten Gesichter von Menschen, die von ihren Gefühlen ganz offenbar selbst überrascht worden waren.

Das Gesicht ist die Projektionsfläche der Intersubjektivität – der Fähigkeit, den Schmerz des Gegenübers als den eigenen zu erkennen. Nach dem französischen Philosophen Emmanuel Levinas zeigt das Antlitz des anderen eine »unendliche Fremdheit, aus der uns die ganze Menschheit anblickt«. Diese »Spur des Unendlichen« im Anblick des anderen mache diesen für uns so kostbar. Darüber hinaus aber gilt: Man kann dem anderen nicht in die Augen schauen, ohne ein Stück von sich selbst preiszugeben – und sei es durch die Weigerung, etwas entblößen zu wollen.

Gleichwohl gibt es auch im Blickkontakt eine Hierarchie. Abramovič, deren Mienenspiel für den Außenstehenden meist keinerlei Reaktion verrät, hat sich in diesem monatelangen Wechsel der Blicke als eine Art Priesterin inszeniert, um »der unendlichen Fremdheit« (Levinas) acht Stunden täglich in die Augen zu schauen. Das Ausmaß an Schmerz und Einsamkeit, das ihr entgegenkam, sagte sie später, sei überwältigend gewesen.

Die Performance »The Artist is Present« war das Begleitprogramm zu einer Retrospektive, die das MoMA der Künstlerin im Jahr 2010 gewidmet hat.

Wie kaum ein anderer Vertreter der in den frühen siebziger Jahre geborenen Kunstrichtung der Performance Art hat Abramovič ihren Körper zum Gegenstand extremer Torturen gemacht und ihn, oft an der Grenze des Masochismus, zum lebenden Kunstwerk geformt. Sie hat sich den roten Stern, der über ihrer Nachkriegskindheit im jugoslawischen Belgrad aufging, mit einer Rasierklinge in die Bauchdecke eingeritzt, hat stundenlang nackt auf Eisblöcken oder in einem brennenden Ring ausgeharrt und sich den Besuchern auf einem Altar als Opfer dargeboten. Zu letzterem Akt gehörten auch allerlei Instrumente, mit denen das Publikum die Künstlerin, je nach Gemütsverfassung, manipulieren und malträtieren (und dabei seine Brutalität entblößen) durfte. Außer Nadeln, Schere, Streichhölzern, Lippenstift, Wein und Brot waren auch eine Säge und eine geladene Pistole dabei. Bei der Biennale-Performance aus dem Jahr 1997, in der Abramovič in einem finsteren Keller tagelang stinkende Fleischreste von blutigen Rindsknochen schabte, liefen Bilder ihrer Kindheit und Jugend im kommunistischen Jugoslawien über die Wände. Zeige deine Wunde: Marina Abramovič hat mit diesem Titel einer Installation von Joseph Beuys radikal ernst gemacht. Doch der dreimonatige Blick-Marathon, in dessen Verlauf die Performance-Märtyrerin unzählige Menschen zum Weinen brachte, war laut eigener Aussage ihre strapaziöseste Arbeit überhaupt.

Bei einer Künstlerin, die den am eigenen Körper beglaubigten Schmerz zum Zentrum des Werkes macht, mag das zunächst überraschen. Doch während es in Abramovičs vorangegangenen Arbeiten meist um das Ausstellen der selbst beigebrachten Wunden ging, war sie in dem Blicke-Duell mit wildfremden Menschen nicht mehr nur mit dem eigenen Schmerz konfrontiert. Was immer in diesem alchemistischen Austausch der Blicke geschah – die Besucher haben in diesem Augenblick ihre Gefühle – Abramovič sagt: ihre Wunden – entblößt. Und sei es, dass sie das Erkanntwerden, das wir beim Einander-in-die-Augen-Schauen riskieren, nicht aushielten und beschämt den Blick niederschlugen.

»Zeige deine Wunde« – als Joseph Beuys im Jahr 1976 seine Installation gleichen Titels in einer Münchner Fußgängerunterführung aufbaute, war das Ausstellen von Verletzungen, ja selbst das Eingeständnis von Beschädigungen in Deutschland noch weitgehend tabu. Die kriegstraumatisierte Nation, der Schuld und Scham über die nationalsozialistischen Menschheitsverbrechen Mund und Herz versiegelt hatten, war noch immer damit beschäftigt, ihren Abwehrpanzer aufrechtzuerhalten – nicht zuletzt gegenüber der rebellierenden 68-Generation, die in dem »Schamanen« aus Wuppertal einen Mentor fand. Dass diese Abwehr nicht nur die Scham über den Holocaust, sondern auch die schwärende Wunde der eigenen Traumatisierungen unter dem Panzer offen hielt, hatte Beuys als Stuka-Pilot im Zweiten Weltkrieg, der 1944 bei einem Fliegerangriff auf der Krim eine Bruchlandung machte, am eigenen Leibe erfahren. Beuys erlitt ein Absturz-Trauma und erhielt das Verwundeten-Abzeichen. Als Künstler aber nahm er die Rolle des »Schmerzensmanns« auf sich und führte als eine Art Christus der Nachkriegskunst die Wunden der »kranken Gesellschaft« vor.

Zwei Totenbahren (zusammen mit seinem Galeristen in einer Nacht- und Nebelaktion aus der Münchner Pathologie geklaut), zwei trübe Funzeln am Kopfende, zwei fettgefüllte Blechkästen mit je einem Thermometer darauf, ein Reagenzglas mit einem skelettierten Vogelschädel, zwei Hacken und etliche weitere Doppel-Objekte – so sah es aus, das »Krankenzimmer« für die emotional erstarrte deutsche Nachkriegsgesellschaft. Das Werk, dem die auf zwei Schiefertafeln gekritzelte Aufforderung »Zeige deine Wunde« die Lesart vorgab, sollte die kollektive »Todesstarre« aufheben. »Nur eine Wunde, die gezeigt wird, kann geheilt werden«, erläuterte Beuys gegenüber der »Süddeutschen Zeitung« seine Installation, die, als sie wenig später mit öffentlichen Geldern fürs Münchner Lenbachhaus angekauft werden sollte, die ganze Republik in Aufruhr versetzte. Beuys' Krankenzimmer, dessen kahle Ästhetik von dem bayerischen Innenminister als »der teuerste Sperrmüll aller Zeiten« geschmäht wurde, traf offenbar einen Nerv. Doch zwei Dezennien noch sollte es dauern, bis der

Schriftsteller W. G. Sebald in seinen Zürcher Vorlesungen »Luftkrieg und Literatur« das »kollektive Familiengeheimnis der Deutschen« aussprach, nämlich die Traumatisierung durch die verheerenden Luftangriffe auf deutsche Städte. Der Text löste eine Debatte aus, in deren Folge die Überlebenden ihre eigenen Wunden einzugestehen begannen.

Die Unfähigkeit der nach dem Krieg neu sich formierenden Republik, die kollektive Katastrophe ins Bewusstsein zu heben, schrieb Sebald im Jahr 1998, habe – anders als die sogenannte Aufarbeitung der Verbrechen des Holocaust – bis in die Gegenwart fortgewirkt. Scham und Schuldgefühle waren ein Grund dafür, dass sich die Klage über das selber erlebte Grauen nicht nur von selbst verbat, sondern dieses unbewusst auch als »verdient« empfunden wurde. Dieses Grauen sei der eigentliche Katalysator des deutschen Wirtschaftswunders gewesen, »der bis zum heutigen Tag nicht zum Versiegen gekommene Strom psychischer Energie, dessen Quelle das von allen gehütete Geheimnis der in die Grundfesten unseres Staatswesens eingemauerten Leichen ist«.

Wie stark die Traumatisierungen der Kriegsteilnehmer die Psyche der nachfolgenden Generationen geprägt haben, ist inzwischen Stoff zahlreicher Bücher, die von Bernward Vespers unvollendetem Romanessay »Die Reise« aus dem Jahr 1977 bis zu den autobiographischen Familienalben der heutigen Enkelgeneration – wie etwa Anne Webers

»Ahnen« oder Per Leos »Flut und Boden« – die Vererbung psychischer Wunden über Generationen hinweg ans Licht bringen. Die Offenlegung der lange schamhaft verschwiegenen seelischen Narben ist mittlerweile auch in Form von Sachbuch-Bestsellern in den Mainstream eingeflossen. Sabine Bodes anno 2004 erschienenes Buch »Die vergessene Generation – Die Kriegskinder brechen ihr Schweigen« sowie der Folgeband »Kriegsenkel« sind aus dem Sortiment der Bahnhofs-Buchhandlungen nicht mehr wegzudenken.

Auch das Vorzeigen von Verletzungen vornehmlich physischer Provenienz ist heute zu einem gesellschaftlich akzeptierten Ritual avanciert, das in den letzten Jahren in einer Schwemme von (mehr oder weniger) literarischen Krankenakten kulminierte. Besonders die Krebs-Tagebücher zahlreicher Prominenter sind Movens einer Selbstdarstellungs-Passion, die das autobiographische Memento Mori zu einem einträglichen Geschäft und die private Leidensgeschichte zu einer öffentlichen Angelegenheit macht. Diese Entwicklung hat bei manch einem Kritiker – »Lasst mich mit eurem Krebs in Ruhe« begann Richard Kämmerlings seine Generalabrechnung mit diesem Genre in der »Frankfurter Allgemeinen Zeitung« – beträchtliche Aggressionen geweckt.

Nicht nur das eigene Leid, auch das der Nächsten ist Teil dieser jüngsten Bekenntnis-Kultur, die durchaus berührende Literatur hervorgebracht hat – man denke etwa an Joan Didions Bücher über den Tod ihres Mannes und ihrer Tochter. Doch ob Tilman Jens die Demenz-Erkrankung seines berühmten Vaters zum Anlass nimmt, diesen in Windeln zu präsentieren, oder ob Georg Diez die Krankenakte seiner an Krebs verstorbenen Mutter veröffentlicht – jenseits der beträchtlichen Qualitätsunterschiede und Absichten legen diese Schmerz-Bezeugungen Zeugnis ab von einer Diffusion der Privatsphäre, die den Unterschied zwischen Intimität und Öffentlichkeit inzwischen komplett einkassiert hat.

Elias Canetti, der selbsterklärte »Todfeind des Todes« (er war freilich auch ein Menschenfeind), hätte in einem nicht unbeträchtlichen Teil dieser Bücher wohl den »Triumph der Überlebenden« ausgemacht. Oft aber überwiegt die Unversöhnlichkeit mit dem *factum brutum*. Es kann nicht ausbleiben, dass sich immer auch Ambivalenz in die Trauer der literarischen Sterbebegleiter mischt: der Zweifel an der Echtheit der eigenen Gefühle oder die Sorge, zu Lebzeiten der Verstorbenen nicht genug für sie dagewesen zu sein. Nahezu alle Verfasser solcher Memoiren hegen in der einen oder anderen Form Schuld- oder Schamgefühle und das Bedürfnis, Abbitte zu leisten – ein Motiv, das schon die Urform der Gattung, Augustinus' Bekenntnisse, grundiert.

Die medial inszenierte Beichte als eine Form, mit sich selbst ins Gericht zu gehen und aller Welt zu zeigen, dass wir, mit Calvin zu sprechen, »unzufrieden mit uns selber sind«, ist ein therapeutisches Ritual, das selbst an höchster Stelle mustergültig aufgeführt wird. Bill Clintons hochrotes Scham-Bekenntnis nach seiner Lewinsky-Affäre oder George W. Bushs gottgewollte Abkehr vom Alkoholismus haben dies kameratauglich gezeigt. Der beschämte Sünder ist besonders in den USA eine beliebte öffentliche Figur. In der Mehrzahl ist der in Bekenntnisform nachgereichte Kampf gegen Drogen-, Alkohol-, Fett- oder Sexsucht, auch als *Misery Lit* bekannt, freilich nichts anderes als eine gedruckte Variante der unzähligen TV-Geständnis-Sendungen, deren tränenreichste Variante die Talkshow-Queen Oprah Winfrey uraufgeführt hat. Es spielt keine Rolle, dass diese Tränen Fake sind. Seit jeder Internet-Nutzer Produkt und Verkäufer seiner selbst in Personalunion ist, ist auch die Grenze zwischen Reue und Ruhmsucht weitgehend inexistent.

Im Zeitalter des Show-it-all reicht freilich schon das Bloggen optisch dokumentierten Leids zur Aufnahme in den Tempel der Kunst: etwa wenn der von den chinesischen Behörden misshandelte Künstler und Aktivist Ai Weiwei die mit dem Handy gefilmten Wunden nach einer Notoperation in München online stellt und zu »realer Kunst« erklärt. Die Handy-Fotos, die Ai Weiwei mit seinem Blutbeutel und seiner Kopfwunde zeigen, fanden nicht nur Eingang in seinen Twitter-Feed, sondern prangten kurz darauf, samt ärztlichem Bulletin, auch großformatig im Haus der Kunst. Zeige deine Wunde: und sei es als Post-Op-Selfie und Tweet.

Kaum einer freilich hat seine Wunden so demonstrativ ausgestellt wie der Theatermacher Christoph Schlingensief, der in seinem Krebs-Oratorium »Kirche der Angst« die Röntgenbilder seiner vom Tumor zerfressenen Lunge auf die Bühne brachte – ein Midas der Kunst, der sich selber die Haut abzog und seine Krankheit ohne Scham vor Gott und dem versammelten Publikum offenbarte: »Ja, zeig mal deine Wunde. Wer seine Wunden zeigt, wird geheilt. Wer sie verbirgt, wird nicht geheilt«, heißt es, Beuys zitierend, in der »Kirche der Angst«. Doch der Tod, den Schlingensief dergestalt zu überreden trachtete, hielt sich nicht an das Drehbuch: Die Wunden lagen offen – geheilt wurde Schlingensief nicht.

Wenn auch die offen gezeigte Wunde nicht unbedingt Heilung für den Todkranken bringt, so vielleicht doch Erleichterung für die Überlebenden. Am 31. Oktober 2016 veröffentlichte die »New York Times« auf ihrem Titelblatt vier Fotos von Frauen mit nacktem Oberkörper; anstelle der Brüste entblößten sie ihre Narben. »Going flat« heißt die Bewegung, der sich immer mehr Krebspatientinnen anschließen, die es ablehnen, ihre Brust nach einer Mastektomie operativ rekonstruieren zu lassen. Es sind Überlebende, die ihre Narben nicht als einen Makel, sondern als Signatur einer gewonnenen Schlacht ausstellen.

Dass immer mehr Betroffene dazu übergehen, die komplizierte Implantation einer Brustwarze durch ein Tattoo zu ersetzen, ist eine schon länger bekannte Praxis, der offensive Umgang mit der Erkrankung und ihren Folgen aber ist neu. Zeige deine Wunde, damit sie heilen kann – das bedeutet in diesem Fall nicht nur die Ablehnung einer die Rekonvaleszenz hinauszögernden, strapaziösen Operation, sondern auch die Lossagung von einem Schönheitsdiktat, das die Genesenden zum Mängelwesen erklärt. Diese Frauen wollen der Scham über eine Wunde, die die tödliche Krankheit schlug, ein Zeichen des Selbstbewusstseins, vielleicht auch des Trotzes, entgegensetzen. Es ist der – wesentlich durch die sozialen Medien ermutigte – Aufstand gegen eine Definition von Weiblichkeit, in der der Körperteil für das Ganze steht, eine Rebellion auch gegen die von der medizinischen Zunft propagierte Empfehlung, dass jede Frau den Anschein von Unversehrtheit wiederherstellen soll.

Dazu gehört Mut. Um das Provokative dieser Bewegung ganz zu verstehen, muss man sich nur vor Augen halten, wie tief die weibliche Brust als Inbegriff von Erotik und Mütterlichkeit im Bewusstsein – und Unbewussten – verankert ist. Kein anderes Motiv, vermutlich nicht einmal Jesu Kreuzigung, nimmt in der Geschichte der christlichen Ikonographie eine prominentere Stellung ein als die entblößte Brust der Heiligen Jungfrau Maria. Auf Schreinen und Säulen, auf Altären und Andachtsbildern wurde Maria seit jeher kunstvoll entblößt. Dabei ging es den Malern durchaus nicht nur um die Milch der frommen Denkungsart; seit der Renaissance, ja schon in den Stundenbüchern der Gotik hatte die Darstellung der milchweißen Brust einen erotischen Unterton. Dass es meist nur eine einzige Brust war, die Maria dem Kind zum Stillen darbot, betont den Entblößungs-Charakter dieses Motivs, das durch das nackte Jesulein nur noch an Pikanterie gewann.

Die enthüllte Frauenbrust ist inzwischen so ubiquitär, dass Pop-Stars wie Madonna, die mit dem offensiven Ausstellen der nackten Brüste in der Pop-Musik wohl den Anfang machte, ihren Busen schon längst nicht mehr völlig nackt, sondern durch geschickte Rahmung, hoch geschnürt oder auch mit Strass und Sternchen geschmückt, in Szene setzen. Nacktheit wird hier nicht so sehr entblößt als vielmehr in Anführungsstriche gesetzt; sie ist eher ein Accessoire als nackte Haut. Das erkläre die seltsame doppeldeutige Aussage des Begriffs »Evaskostüm«, schreibt Martin Zeyn in seinem Radio-Essay »Haut. Wunde. Schmerz«. Das Evaskostüm sei Nacktheit, die man an- und ausziehen kann wie ein Kleidungsstück – etwa wenn Jean Paul Gaultier die 50-jährige Madonna in einen Hosenanzug stecke, bei dem die Träger um die Brüste geschlungen sind wie bei einem BH – nur eben ohne Körbchen.

»Mit Entblößung hat das nichts zu tun. Und zwar nicht, weil es kein echtes Gewebe ist, dass da eine nicht ganz altersgerecht-optimale Form kreiert. Sondern wegen der Art der Präsentation: ›Bitte alle mal auf meine Titten kucken.‹ Das hat nichts mehr mit Mode, nichts mehr mit Frau zu tun. Das ist ein Umgang mit dem Körper, wie ihn Drag Queens durchspielen, wo diese Geschlechtsmerkmale mühsam mit Hormongaben und chirurgischen Eingriffen erzeugt wurden.« Sich so zu zeigen, sei auch mit dem üblichen Gegensatz von Entblößung und Verhüllung nicht mehr zu fassen. »Madonna ist ein weiblicher Damen-Imitator, eine Sie, die eine Frau spielt, wie Männer sie spielen.« Sie ist keine Frau, sondern vielmehr das Symbol einer Frau im Evakostüm.

Die Frauen, die nach dem chirurgischen Eingriff statt rekonstruierter Brüste ihre Narben enthüllen, aber sind keine Gender-Symbole, sondern echte Frauen, und sie tun genau das Gegenteil von Madonna. Sie zeigen ihre Narben, um damit auszudrücken, dass Weiblichkeit nicht mit der Brust identisch ist. Und sie zeigen ihre Wunden auch nicht mit dem Gestus: »Bitte alle auf meine Narben schauen«, sondern mit Tattoos, Schlips, Schnüren oder Licht und Schattenspielen bedeckt – also in ästhetisierter Form. Diese Bilder sind »schön« vor allem deshalb, weil sie die Nacktheit nicht pornographisch auf einen Körperteil reduzieren, sondern den Frauen ihre erotische Würde lassen. Sie sind auch deshalb nicht anstößig oder gar abstoßend, weil die Gesichter, der offene Blick in die Kamera,

Zeugnis ablegen von einem Triumph: der Befreiung von einer falschen Scham über Wunden, die das Leben geschlagen hat.

Der Impuls, Abweichungen von der Norm in den Alltag zu integrieren und der Scham über körperliche Defekte offensiv zu begegnen, bewegt auch viele Kriegsverwundete, die ihre Prothesen nicht mehr verstecken wollen, sondern durch kurze Hosen etwa nachgerade betonen. Wie Krebspatientinnen, die es ablehnen, den kahlen Schädel nach einer Chemotherapie mit Tüchern oder einer Perücke zu bedecken, sind inzwischen immer mehr Kranke oder Behinderte nicht länger bereit, sich ihrer Wunden zu schämen. Es lässt sich freilich nicht leugnen, dass von dieser Weigerung, die Mitmenschen zu schonen, eine Aggression ausgeht; die demonstrativ vorgezeigte Beschädigung ist auch ein Vorwurf oder zumindest ein eindeutiger Appell an die Schuldgefühle der Glücklicheren: Wer wegschaut, ist ein mitleidloser Ignorant.

Das Ausstellen von Defekten hat vielerlei Formen und vielfache Gründe, von denen Trotz, Aggression oder das Kalkül, aus dem Leid Kapital zu schlagen, nicht die ungewöhnlichsten sind. Seit skrupellose Schausteller Menschen mit Missbildungen in sogenannten Freak-Shows wie exotische Tiere darboten, wurden mit dem Zeigen von Wunden Geschäfte gemacht. Die Scham der einen war die Lust der anderen – wobei das Sich-zur-Schaustellen für die Missgebildeten häufig schiere Überlebens-Notwendigkeit war. Noch zu Beginn des letzten Jahrhunderts ergötzte sich das Publikum am Anblick von Menschen mit Fehlbildungen – ein »Vergnügen«, dem weniger die Scham über den eigenen Voyeurismus als vielmehr der Erste Weltkrieg ein Ende bereitete. Bis Kriegsende waren so viele Krüppel von der Front zurückgekehrt, dass den meisten die Lust an den körperlichen Entstellungen anderer vergangen war. Dafür verdingten sich die gerade noch als »Monster« angepriesenen Jahrmarkts-Darsteller nun als Experten in den Lazaretten, wo sie den Kriegsversehrten beibrachten, mit ihren Behinderungen zu leben.

Verbrecher aus verlorener Ehre – Scham und Gewalt

Oft prahlt man mit verbrecherischen Leidenschaften. Der Neid aber ist scheu und verschämt. Ihn zu zeigen wagt niemand.

François de La Rochefoucauld

In Platons Dialog »Protagoras« ist die Scham eine Gabe des Zeus, der seinen Boten Hermes mit zwei Geschenken hernieder sandte, um die Menschen vor der Selbstzerfleischung zu bewahren. Hermes sollte das Rechtsempfinden (*dike*) und die Scheu vor den Übergriffen auf andere (*aidos*) gleichmäßig unter den Menschen verteilen. Als Geschenk der Götter aber sind Scheu und Scham nicht etwas, das man erwerben kann, sondern das man annehmen muss.

Scham im Sinne von *aidos* ist bei Platon als eine vorausgreifende Haltung definiert, die davor zurückschrecken lässt, ehrenrührige Handlungen überhaupt erst zu vollziehen. *Aidos* signalisiert eine sittliche Scheu gegenüber dem anderen und hat so Teil an der Vernunft. Doch *aidos*, Scheu, und *aischyne*, die Scham die sich nach einer vollzogenen Missetat einstellt, gehören zusammen. »Im Unterschied zu unserem Begriff der Scham ist Scheu eine Haltung des Handelnden bzw. Unterlassenden. Scham kann dagegen einerseits Handlungen oder Unterlassungen motivieren, aber das Wort bedeutet auch jene besondere Art von Unwohlsein oder sogar stechendem Schmerz nach einer Handlung, die mit der gebotenen Scheu unvereinbar war«, schreibt der Philosoph Robert Spaemann in seinem »Philosophischen Versuch über das Gefühl der Scham«. Überträgt man diese Definition auf eine zeitgenössischere Begrifflichkeit, so paktiert die Scheu wohl am ehesten mit dem Schuldgefühl. Scham beschütze, konstatiert Léon Wurmser in »Die Masken der Scham«, die Integrität der eigenen Seele, Schuld bzw. Scheu dagegen jene des Körpers des anderen. So halte das Schuldgefühl uns davon ab, die Sphäre eines anderen zu verletzen, während unser Schamgefühl den anderen davon abhalte, unsere innere Grenze zu verletzen: »Scham wacht über die Grenze der Privatheit und Intimität; Schuld beschränkt die Ausdehnung der Macht. Scham verdeckt und verhüllt Schwäche, während das Schuldgefühl der Stärke Schranken setzt. Scham schützt ein integrales Selbstbild, während Schuld die Integrität des anderen beschützt.«

Theodor W. Adorno kommt in seinem Buch »Erziehung zur Mündigkeit« auf die platonische Tradition der Scham als politische Tugend zurück. Auf dem Hintergrund der Barbarei des Nationalsozialismus wünschte der ins Exil getriebene Philosoph, die Menschen und besonders natürlich die Deutschen durch Aufklärung mit Abscheu vor der Gewalt gegen andere impfen zu können. Allem voran ging es ihm darum, die konformistische deutsche Charakterstruktur von ihrer Unterwürfigkeit gegenüber Autoritäten und der Identifikation mit der Macht zu emanzipieren. Der »autoritäre Charakter«, der im »Dritten Reich« millionenfach zum Handlanger totalitärer Herrschaft wurde, zeichnet sich aus durch »Konventionalismus, Konformismus, mangelnde Selbstbesinnung, schließlich mangelnde Fähigkeit zur Erfahrung« – man könnte auch sagen: die Unfähigkeit, sich zu schämen. Zu den besonderen Zielen der »Erziehung nach Auschwitz« gehörte daher die Absicht, durch Aufklärung und Vernunft »Scham zu wecken, so dass kein Mensch mehr Rohheiten von anderen ansehen kann«.

Auch wenn das, was die Amerikaner dann »Reeducation« und die Franzosen »Mission Civilisatrice« nennen sollten, nämlich die Erziehung der Deutschen zur Demokratiefähigkeit, auf breiter Front von Erfolg gekrönt war, so ließ sich doch das Schamgefühl für die Mission der Gewaltlosigkeit nur bedingt einspannen. Das liegt an der ambivalenten Natur der Schamdynamik, die sich im Zweifelsfall zu den unbewussteren Regungen und Aggressionen schlägt. Aggression ist nämlich oft eine Kompensation für Beschämung und Demütigung. Ja, Scham ist vielleicht sogar einer der häufigsten Auslöser für Gewalt – sowohl im alltäglichen Umgang als auch in politischen Kontexten. Denn wo Selbstrespekt und Würde – real oder imaginär –

verletzt worden sind, entsteht häufig ein emotionaler Abgrund, aus dem ein Sturm an Rachegelüsten hochkochen kann. Wer von ihnen erfüllt ist, kennt keine Rücksichten mehr. Das Schamgefühl steht hier sogar potentiell im Dienst der moralischen Legitimierung gewalttätiger Aktionen. »Je höher der Stolzfaktor im Zorn ausfällt, desto wirkungsvoller geht das ›Du darfst‹ in das ›Du sollst‹ über«, schreibt Peter Sloterdijk in »Zorn und Zeit«. »Das vollendet motivierte Zornhandeln wäre darum dasjenige, das sich selber als Ausführung einer unverzichtbaren und noblen Notwendigkeit empfindet. Deren empirische Muster bieten die Rachemorde auf dem familialen, die Religions- und Befreiungskriege auf dem ethnischen und nationalen Niveau.«

Wie tief die Rache in die Grundfesten unserer Kultur eingelassen ist, davon erzählen die alten Mythen, in denen verletztes Ehrgefühl einen archaischen Blutzoll einfordert. Von den Furien des Orestes bis zum Wüten der Medea hat das antike Drama den Feldzügen der Vergeltung reichlich Tribut gezollt. Dass die Wut der Rache dabei selten ohne eigene Einbußen abgeht, zeigt besonders Euripides' Drama »Medea«, in dem die von ihrem Gatten verlassene Frau aus grenzenloser Beschämung die eigenen Kinder ermordet. Medea, die Familie und Heimat hinter sich ließ, um dem geliebten Jason nach Griechenland zu folgen, wird in der Fremde sitzengelassen und dem Gespött der

Leute ausgeliefert. Eine vorteilhafte Verbindung Jasons mit dem korinthischen Königshaus ist der Grund für ihre Schmach, doch die Ursache ist »die schlimmste aller menschlichen Krankheiten, Schamlosigkeit«. Der Chor spricht es deutlich aus: »Treu und Glauben sind verschwunden, und im großen Griechenland bleibt keine Spur von Schamgefühl.« Medea aber tötet die eigenen Kinder, um ihre Beschämung durch den Schmerz des Beschämten zu löschen: »So kränk ich meinen Gatten auf das bitterste.« Denn wer sich in seinem Ehr- oder seinem Rechtsempfinden gekränkt fühlt, nimmt Rache nicht nur, um dem anderen zu schaden, sondern auch um die eigene seelische Balance wieder herzustellen. Das gleiche gilt für die verletzte Ehre von Gruppen oder Nationen: Kollektive Ehrverletzungen verlangen nach kollektiver Sühne, nur die Bestrafung der ehrabschneidenden Instanzen kann die Schande wiedergutmachen. Das Schamgefühl paktiert häufig mit der Gewalt.

Dies trifft auch auf das zersetzende Gift des Neides zu; schon im zweiten Kapitel der Genesis ermordet Kain seinen Bruder Abel. Gott bevorzugte ohne ersichtlichen Grund Abels Opfer, daraufhin plante Kain den Brudermord. Hier kommt die Rache der Demütigung nicht spontan; die Empörungsgeschwindigkeit des Neidgefühls ist von kalkulierterer Gangart. Der Neid ist eine Empfindung, die gemeinhin besonders sorgsam kaschiert wird. Kain aber verrät seine Rachegelüste bereits im vorhinein, durch unmissverständliche Zeichen der Scham: »Der Herr sprach zu Kain: Warum überläuft es dich heiß, und warum senkt sich dein Blick? Nicht wahr, wenn du recht tust, darfst du aufblicken; wenn du nicht recht tust, lauert an der Tür die Sünde als Dämon. Auf dich hat er es abgesehen, doch du werde Herr über ihn.«

Neid und Eifersucht sind laut Nietzsche »die Schamteile der menschlichen Seele«. Das Neidgefühl reagiert auf die Demütigung, anderen unterlegen zu sein, ein Gefühl, das sich mit dem allen Lebewesen gemeinsamen Drang, das beste Stück vom Braten für sich selber zu reservieren, nicht gut verträgt. Weil die menschliche Gattung sich diese Empfindung nur ungern eingesteht – und sie instinktiv Verachtung hervorruft –, kleidet der Neid sich bevorzugt ins Ressentiment. Wer neidet, ist nicht selten stärker daran interessiert, den besser Gestellten seiner Güter beraubt zu sehen, als daran, diese selbst zu besitzen. So wirft das Ressentiment, das aus solch verletztem Selbstwertgefühl entsteht, sich gern den warmen Mantel der Gerechtigkeit über, frei nach dem Motto: Eher soll es allen gleich schlecht gehen, als dass ein einzelner von Vorteilen profitiert, an denen der Neider nicht teilhaben kann.

Auch Machtgier und Machtmissbrauch beruhen oft auf dem ursprünglichen Gefühl des Hintangesetztseins. Dabei haben Tyrannen die Schamangst der Untertanen schon immer überaus wirksam in

Dienst zu nehmen gewusst. Die Angst vor Lächerlichkeit und Entehrung schützt bestehende Ordnungen jedenfalls weit effektiver, als harsche Verbote es je vermöchten. Was als unehrenhaft empfunden wird, variiert mit den Kulturen und den Epochen, doch hat die Demütigung ihre Wirkung als Instrument der Unterdrückung bis heute nicht eingebüßt. Ob in Behörden, im Geschäft oder im System politischer Machterhaltung: Die gezielte Herabsetzung und Infragestellung von Kompetenzen, die strategische Ausformung einer Atmosphäre des Ungenügens oder die kalkulierte Manipulation von Konkurrenzängsten sind das Öl im Getriebe.

Ebenso freilich wie die Instrumentalisierung der Scham Konventionen und Hierarchien schützt, entspringt ihr auch die Rebellion gegen deren Erstarrung. Alle Einsicht in falsche Anmaßung fußt im Protest des Schamgefühls, das die Verfügungsgewalt über uns und andere mit größter Empfindungsschärfe bewacht. Abscheu vor schamloser Heuchelei war schon immer ein mächtiger Sprengkopf in der Festung der Konventionen und Feigheit das stärkste Motiv für Scham. Davon handelt Shakespeares Drama »König Lear«, in dem die jüngste Königstochter Cordelia die Wahrheit des Herzens gegen das Lippenbekenntnis der Gier in Stellung bringt. Anders als ihre Schwestern weigert sie sich, dem tyrannischen Vater ihre bedingungslose Untergebenheit zu beteuern, weil ihr Schamgefühl gegen den Absolutismus der väterlichen Liebesforderung und die opportunistische Falschheit der Schwestern aufbegehrt.

So hat es die Menschen zu allen Zeiten in Aufruhr versetzt, wenn Machtansprüche ohne hinreichende – also auch als rechtens empfundene – Legitimation gestellt wurden. Gegen angemaßte Autorität protestiert die Selbstachtung, deren Hüterin niemand anderes ist als die Scham. Dann wird das Schamgefühl, das so konformistisch sein kann, subversiv. Denn es sperrt sich gegen den Terror der Eindeutigkeit und unterhöhlt die Macht der Behauptung. Das Schambewusstsein, das dem Schein nicht traut, wird so zur Quelle innovativer Energien, schreibt Till Briegleb in seinem Buch »Die diskrete Scham«:

»Deswegen benötigen skeptische Menschen immer auch die Fähigkeit, selbst Scham auszuhalten. Die Anfeindungen und Verhöhnungen, die Darwin, Galileo, Freud oder Einstein für ihre großen Korrekturen am Weltbild, sowie van Gogh, Picasso, Warhol oder Beuys durch die Erfindung neuer Bildwelten zu ertragen hatten, waren nicht nur als Formen polemischer Auseinandersetzung, sondern auch als gezielte persönliche Demütigungen zu verstehen – und wurden auch so verstanden.«

Wo das Schamgefühl gegen versteinerte Hierarchien und zementierte Machtansprüche aufsteht, wird die sonst so geduckte Scham zum Motor von Protest und Reform. Machtmissbrauch gegenüber Schwächeren ruft – zumindest in aufgeklärten Gesellschaften – instinktiv Abscheu hervor und bringt das Gewissen in Stellung. Alles Mitleid hat seinen Ursprung im Schamempfinden und appelliert an das Anstandsgefühl, selbst wenn der Mut, Partei zu ergreifen, wo jemand blamiert, schikaniert und gedemütigt wird, im allgemeinen nicht sehr verbreitet sein mag. Empathie ist die Phantasie der Scham.

Auch das Taktgefühl, das uns die Schwächen anderer übersehen oder eine peinliche Situation dezent umschiffen lässt, beruht auf Identifizierung. Doch während das Taktgefühl vor allem die Empfindlichkeit anderer schont, beschirmt die Scham die Fragilität des Selbst. Dagegen ist das sogenannte Fremdschämen, welches entsteht, wenn wir andere nur noch peinlich finden, eher ein Akt der Distanzierung und keinesfalls von Sympathie getragen. Doch immer ist die Fähigkeit, nachzuvollziehen, was andere fühlen, eine Frucht der eigenen Niederlagen. Von dieser Fähigkeit lebt auch die Komik der Missgeschicke. Die Komödie der menschlichen Unvollkommenheit ist grundiert von Scham und Blamagen. Humor und Selbstironie sind ihr vornehmstes Resultat.

Schon immer war Ironie, man könnte auch sagen: die Dialektik der Schamhaftigkeit, ein bewährtes Mittel, Machtverhältnisse wenigstens auf dem Papier zu verkehren. Die List der scheinbaren Zustimmung ist diesbezüglich unschlagbar – das haben wir in Robert Walsers Dienerschule gelernt. »Ich respektiere ja mein Ich gar nicht, ich sehe es bloß, und es lässt mich ganz kalt... Wie glücklich bin ich, dass ich in mir nichts Achtens- und Sehenswertes zu erblicken vermag! Klein sein und bleiben«, lautet das Credo von Jakob von Gunten in Walsers Roman. Nicht von ungefähr hat der Schriftsteller (und Namensvetter) Martin Walser die Strategien des ironischen Machtgewinns in seinem Buch »Über die Schüchternheit« anhand von Robert Walsers Gunten-Roman dargelegt:

»Da wird eine Bewegung betrieben, die keinen pflegerischen Umgang mehr zulässt mit der Schwäche. Auf Ich-Sanierung wird gepfiffen. Alle Ich-Dekorierung wird bis ins Lachhafte gesteigert. Alle Arten oder Illusionen der Ich-Aufrüstung werden sorgfältig und sozusagen systemfromm beschrieben und so ad absurdum geführt. Die ganze Hervorhebungskultur, der ganze abendländische Ich-Zirkus wird vorgeführt in einer Zustimmungsorgie, die nichts von dem, dem zugestimmt wird, übrig lässt.«

Das Unterpfand der literarischen Ironie ist die Ambivalenz, und wenn sich Robert Walsers Helden entschlossen ihrer Selbstbezichtigungskür hingeben, so beziehen sie daraus auch jenen Lustgewinn, welcher der Trost der Schamhaften ist: So schlecht, wie ich mich selber mache, können andere mich gar nicht finden, und so toll wie sie denken, können sie selber gar nicht sein. Und gibt es eine subtilere Art, die Machtverhältnisse umzukehren und die Niederlagen des gelebten Lebens in einen stillen Triumph zu überführen, als die ästhetische Form? Denn Ambivalenz ist ja nicht bloß die Vieldeutigkeit des Vorhandenen, sie ist das Echo listig placierter Zwischentöne, das Resultat eines notorisch vollzogenen, stets im Bewusstsein federnden Perspektivenwechsels.

Die Domäne der Scham ist die Mehrdeutigkeit, ihr Effekt eine Nuancierung, die auch gegen die Nomenklatur einer erstarrten Ästhetik aufbegehrt. Das Zwinkern des Zweideutigen, das Schillern und Oszillieren ist der Stachel der Kunst, die immer da, wo sie eindeutig wird, zum Spießigen oder Dogmatischen führt. Das gilt insbesondere für die Arbeit am Wort, wo die Pirouetten der Formulierung und der Schliff am Satzbau an der kunstvollen Maskierung verborgener Schamquellen mitarbeiten. Aus »menschlicher Schwäche für die Literatur eine riesenhafte Kraft machen«, hat Franz Kafka dazu gesagt.

Kleiner Exkurs über die Dankbarkeit

Dankbarkeit sei »vielleicht der einzige Gefühlszustand, der unter allen Umständen sittlich gefordert und geleistet werden kann«, schreibt Georg Simmel in seinem Essay »Dankbarkeit. Ein soziologischer Versuch« aus dem Jahr 1907: »Auch wenn wir längst aufgehört haben zu ehren, zu schätzen, zu lieben, dankbar können wir immer noch sein.« Insofern hat das Danken Teil an den Ritualen der Scham: Wir anerkennen, dass wir in der Schuld eines anderen stehen. Das ist nicht immer ein angenehmes Gefühl. Es ist der eigentümliche Zwiespalt der Dankbarkeit, sowohl ein moralischer Imperativ als auch eine spontane seelische Reaktion zu sein, der sie für Ambivalenz der Scham so anfällig macht: Nur im besten Fall macht das Gefühl wirklich mit.

Wo Dankbarkeit über den zivilen Akt hinausgeht, schließt sie denjenigen, dem wir etwas verdanken, mit ein. So hat Kant die Dankbarkeit als »die Verehrung einer Person wegen der uns erwiesenen Wohltat« definiert. Das Machtgefälle, das diese Verehrung potentiell generiert, führt freilich dazu, dass die schiere Dankespflicht schwieriger zu befolgen ist als etwa das Gebot, nicht zu lügen.

Nietzsche behauptet daher, der Dankbarkeit sei oft »eine milde Form der Rache« beigemischt. Zumindest gehört zur Dankbarkeit immer auch ein Maß an Generosität und Gelassenheit: Wir müssen es nicht nur aushalten können, in jemandes Schuld zu sein, sondern auch, ihn dafür noch zu preisen.

In seiner autobiographischen Erzählung »Montauk« erzählt Max Frisch die Geschichte einer durch Scham korrumpierten Dankbarkeit, die jeden Wohltäter das Fürchten lehren kann. Der – zur Initiale zusammengestrichene – Gönner W., ein Freund und Schulkamerad aus reichem Haus, hat dem angehenden Schriftsteller nicht nur das Studium der Architektur bezahlt (worin dieser im nachhinein nur eine Absage an sein Schreiben erkennen kann), er hat ihm – was selten ohne Demütigung abgeht – auch seine abgelegten Anzüge vermacht. Allem voran aber provozierte der Freund, offenbar ein Mann von komplexer Geistesart und großbürgerlichem Zuschnitt, ein Unterlegenheitsecho, das nach vielen Jahrzehnten noch in der von Hohn unterhöhlten Rhetorik nachklingt, die schmäht, indem sie preist. »Von meiner Arbeit zu sprechen, wie gesagt, habe ich mich nie getraut; sein stiller Verdacht, dass ich auf öffentliche Erfolge hereinfalle, war mein Verdacht geworden. Ich war ihm dankbar dafür.«

Dankbarkeit äußert der Autor auch für die Einblicke in W.s Seelenleben, die ihm deutlich machen, »wie wenig er selber erlebt« – und wenn er von

W. zum Konzert eingeladen wird, »nicht nur im letzten Augenblick, wenn seine Mutter die bestellte Karte nicht nutzen konnte«. Frischs doppelzüngige Litanei des nachträglichen Aufbegehrens ist freilich nur die Fortführung jenes beflissenen und übertriebenen Dankes, den äußert, wer sich eines Geschenkes nicht würdig und also durch es beschämt fühlt – und das traurige Zeugnis einer verfehlten Dankesschuld, die Nietzsches Bemerkung, Dankbarkeit sei »eine milde Form der Rache«, mit großem Elan illustriert.

Die Dankbarkeit sei das Gedächtnis des Herzens, heißt es; Georg Simmel befand, sie sei ein »lyrischer Affekt«. Vermutlich meinte er damit den emotionalen Überschuss, der dem profanen Tauschverhältnis von Geben und Nehmen eine poetische Note verleiht. Gemeinhin nämlich ist Dankbarkeit weniger eine lästige oder liebe Pflicht als ein Bewusstseinszustand, anders gesagt: das Produkt einer Differenz-Erfahrung. Zum Danken gehört jene Einsicht, die erst die Lebenserfahrung bringt. Nicht selten geht ihr eine Beschämung voraus, die uns den »wahren Wert« einer Sache, eines Menschen und – warum nicht: des Lebens – erkennen lässt. Dankbarkeit verlangt also die Ahnung, dass es nichts gibt, was uns selbstredend zusteht, eine Lehre, die der Bewohner verwöhnter Kulturkreise gemeinhin erst durch Verluste erfährt. Dieses Bewusstsein ist mit Selbstentwertung nicht zu verwechseln. Denn das Gefühl, etwas erhalten zu haben, was einem nicht zusteht, ist gewissermaßen das Negativ zu dem Glück, das empfindet, wer sich vom Schicksal begünstigt sieht.

Undank ist der Welten Lohn, sagt das Sprichwort; in Zeiten, in denen Dankbarkeit eher zu den anachronistischen Tugenden zählt, wird es meist ironisch gebraucht. Dabei meint es nichts anderes als die Forderung, den menschlichen Egoismus realistisch zu sehen. Jeder kennt diesen Typus Mensch, der sich über nichts richtig freuen kann, den von der Enge des Herzens geplagten ewigen Nörgler, der jedes ideelle und materielle Geschenk achtlos beiseite tut und alle, die ihm Gutes wollen, für ihre Mühe mit Abschätzigkeit beschämt. Man fühlt sich dann wie ein Kind, welches realisiert, dass die selbstgebastelte Kastanienskulptur, die da auf Mutters Geburtstagstisch steht, nichts anderes ist als ein von Zahnstochern zusammengehaltenes Abfallprodukt der Natur. Es sind jene Leute, von denen das Märchen »Vom Fischer und syne Fru« erzählt, die Ilsebills dieser Welt, die stets meinen, ihnen stehe Besseres zu, um am Ende – so jedenfalls will es die Märchen-Moral – wieder beschämt im Nachttopf zu sitzen.

Die Dankbarkeit sei »das moralische Gedächtnis der Menschheit«, konstatiert Georg Simmel und fügt an, »dass vielleicht keiner anderen Verfehlung des Gefühls gegenüber ein Urteil ohne mildernde Umstände so angebracht ist wie der Undankbarkeit gegenüber«.Man muss diese Behauptung nicht unterschreiben, um zuzugestehen, dass das Bewusstsein einer nicht erbrachten Dankesschuld uns häufig mit tiefer Scham erfüllt. Auf die Frage, welches Schamerlebnis ihm am unauslöschlichsten in Erinnerung sei, erzählte ein mir nahestehender Mensch, wie er einmal als Kind das Geschenk der Putzfrau hochmütig zurückgewiesen hatte, weil es ihm nicht gut genug schien. Von der Mutter daraufhin zur Seite genommen, sei ihm das Verächtliche dieses Verhaltens brennend scharf ins Bewusstsein gefahren. Mithin ist es wohl so, dass die Dankbarkeit selbst das Geschenk ist, und wer nicht dankbar sein kann, am Ende sich selber beraubt.

Der Schleifstein unserer Empfindlichkeit

SCHAM schmerzt; niemand möchte sie spüren. Und doch ist sie das, was uns die *conditio humana* unmittelbar fühlbar und ihre Bedingungen kenntlich macht. Anders als Götter und Tiere schämen sich Menschen, weil der Riss, der seit dem Verlust der paradiesischen Unschuld durch unser Leben geht, nicht zu kitten ist. Nur die doppelte Reise um die Welt – sprich: »der Durchgang des Bewusstseins durch ein Unendliches« – führt uns, wie Heinrich von Kleist in seinem Text »Über das Marionettentheater« bemerkt, wieder an die Hinterpforten des Paradieses, in dem wir in den Zustand der Unschuld zurückfinden würden. Was aber wäre dies anderes als der Tod?

Vorher aber ist das Schamgefühl unser Gefährte, und alle Verleugnung oder Verbannung rächt sich nicht nur an anderen, sondern vornehmlich an uns selbst. Denn Scham ist die Schildwache unserer Integrität. Sie schützt den innersten Kern unserer Persönlichkeit, jenen fragilen Seelenanteil, der eng mit unserer Identität verknüpft ist, und wacht zugleich über unsere Humanität. In den Momenten der Scham üben wir das Abstandnehmen von uns selbst. »Scheu und Scham sind die zarten

Wurzeln der Menschlichkeit«, schreibt der Philosoph Robert Spaemann. Denn wer sich selbst in einem schiefen Licht sehen kann, ist am ehesten in der Lage, jene Tugenden – weniger altmodisch: *social skills* – zu entwickeln, die den Umgang mit anderen nicht nur erträglich, sondern auch wünschenswert machen. Vertrauen und Skepsis, Mitgefühl und Humor sind die Kinder der Scham – sowie eine Form der zwischenmenschlichen Aufmerksamkeit, die man einmal Höflichkeit nannte, und die inzwischen mehr und mehr auf der Gerümpelhalde ausgemusterter Etikette zu landen droht.

Scham stellt sich ein, wenn wir uns einzugestehen vermögen, dass wir nicht so sind, wie wir gerne wären. Dafür muss der einzelne sich auch von der Schlacke der Konventionen befreien. Wer die Scham mit seiner Selbstachtung zu versöhnen weiß und nicht im Verhaltensgeschirr des Konformismus verharrt, vermag im Schamgefühl einen Verbündeten zu entdecken. Dann verliert es sein lähmendes Potential und ermöglicht jene flexible Geisteshaltung, die uns Zugang zu unseren besten Kräften verschafft: zu der Fähigkeit, uns selbst zu erkennen, und dem Glück, zu lieben. Der Mensch, das Tier, das sich schämt, will sich sehen lassen können. Die Scham sorgt dafür, dass er nicht nur vor anderen, sondern auch vor sich selber bestehen kann.

Literaturhinweise

Theodor W. Adorno, Erziehung zur Mündigkeit – Vorträge und Gespräche mit Hellmut Becker 1959 bis 1969. Herausgegeben von Gerd Kadelbach, Frankfurt am Main 1971.

Ruth Benedic, Chrysantheme und Schwert – Formen der japanischen Kultur, Frankfurt am Main 2006.

Hans Blumenberg, Die Vollzähligkeit der Sterne, Frankfurt am Main 2011.

Norbert Borrmann, Das große Lexikon des Verbrechens, Berlin 2002.

Till Briegle, Die diskrete Scham, Frankfurt am Main 2009.

Hans Peter Duerr, Der Mythos vom Zivilisationsprozeß, Band 1: Nacktheit und Scham, Frankfurt am Main 1988.

Norbert Elias, Über den Prozeß der Zivilisation, Frankfurt am Main 1976.

Euripides, Medea, Ausgewählte Tragödien, Band 1, Zürich 1996.

Max Frisch, Montauk, eine Erzählung, Frankfurt am Main 1975.

Emily Gould, Exposed, New York Times Magazine, Mai 2008.

Peter Handke, Wunschloses Unglück – Erzählung, Frankfurt am Main 2001.

Franz Kafka, Brief an den Vater, Frankfurt am Main 1999.
Jean-Claude Kaufmann, Frauenkörper – Männerblicke: Soziologie des Oben-ohne, Konstanz 2006.
Hans Joachim Müller, Schauen, spielen, stechen, Die Welt, 10.04.2011.
Sighard Neckel, »Soziologie der Scham«, in: Alfred Schäfer/Christiane Thompson, Scham, Paderborn 2009.
Robert Musil, Die Verwirrungen des Zöglings Törleß. Reinbek 2003.
Platon, Protagoras. Werke in acht Bänden, Band 1, Gunther Eigler (Hrsg.), Darmstadt 1990.
Max Scheler, Über Scham und Schamgefühl (1913, Gesammelte Werke, Band 10, Bern 1957.
Frank Schirrmacher (Hrsg.), Die Walser-Bubis-Debatte. Eine Dokumentation, Frankfurt am Main 1999.
W. G. Sebald, Luftkrieg und Literatur, München 1999.
Richard Sennett, Sie wissen nicht, was sie tun, NZZ Folio, November 2011.
Georg Simmel, Gesamtausgabe in 24 Bänden, Band 8: Aufsätze und Abhandlungen 1901–1908. Herausgegeben von Alessandro Cavalli und Volkhard Krech, Frankfurt am Main 1993.
Peter Sloterdijk, Zorn und Zeit – Politisch-psychologischer Versuch, Frankfurt am Main 2006.
Ders., Unruhe im Kristallpalast? Gespräch mit Frank A. Meyer, Cicero, Januar 2009.

Robert Spaemann, Ein philosophischer Versuch über das Gefühl der Scham und die verbreitete Schamlosigkeit. Wie konntest du tun, was du getan hast? Neue Zürcher Zeitung, 17.12.2005.

Hans-Ulrich Treichel, Der Entwurf des Autors. Frankfurter Poetikvorlesungen, Frankfurt am Main 2000.

Martin Walser, Über die Schüchternheit. Zeugen und Zeugnisse: Ein Essay, Eggingen 1999.

Robert Walser, Jakob von Gunten – Ein Tagebuch, Frankfurt am Main 1999.

Léon Wurmser, Die Maske der Scham. Die Psychoanalyse von Schamaffekten und Schamkonflikten, Berlin/Heidelberg/New York 1993.

Martin Zeyn, Haut. Wunde. Schmerz. Ein Essay über Entblößung. SWR 2, 25.04.2016.

Eine kürzere Fassung dieses Textes ist im Juni 2013 in der Schriftenreihe der Vontobel-Stiftung, Zürich, erschienen.

2017
zu Klampen Verlag
Röse 21 · D-31832 Springe
info@zuklampen.de · www.zuklampen.de

Reihenentwurf: Martin Z. Schröder, Berlin
Satz: textformart, Göttingen
Gesetzt aus Baskerville Ten
Druck: CPI – Clausen & Bosse, Leck

ISBN 978-3-86674-551-3

Bibliographische Information der Deutschen Nationalbibliothek:
Die Deutsche Nationalbibliothek verzeichnet diese Publikation in der Deutschen Nationalbibliographie; detaillierte bibliographische Daten sind im Internet abrufbar:
http://dnb.d-nb.de